MAYUMU: FILIPINSKO AMERIČKI DESERI

100 slatkiša koji spajaju filipinsko nasljeđe s američkim štihom

Lovre Dragić

Materijal autorskih prava ©2024

Sva prava pridržana

Nijedan dio ove knjige ne smije se koristiti ili prenositi u bilo kojem obliku ili na bilo koji način bez odgovarajućeg pisanog pristanka izdavača i vlasnika autorskih prava, osim kratkih citata korištenih u recenziji. Ovu knjigu ne treba smatrati zamjenom za medicinske, pravne ili druge stručne savjete.

SADRŽAJ

SADRŽAJ 3
UVOD 6
UBE DESERI 7
   1. Ube & Mango Sorbet 8
   2. Mochi stil Ube Halaya 10
   3. Ube & Mango Lumpia 12
   4. Ube torta od sira bez pečenja 14
   5. Ube Rolani sladoled 17
   6. Ube Mochi 19
   7. Ube kolačići s ube meringueom 21
   8. Ube Tres Leches torta 24
   9. Ube i kremasta pita od kokosa 27
  10. Ube maslac za jastuke 30
  11. Ube Panna Cotta 32
  12. Smrznuta Ube Halaya 34
  13. Ube sladoled 36
  14. Ube kolačići 38
  15. Pandesal s Ube nadjevom 40
  16. Ube Flan 42
  17. Ube panna cotta od rižinog mlijeka 44
  18. Haupia i Ube pita 46
  19. Ube torta od sira s korom od kolačića od kokosa 49
  20. Salata Ube Macapuno 52
  21. Ube kolač od kreme 54
  22. Malasadas Ube 57
  23. Ube Macapuno kolač od ljepljive riže 59
  24. Ube krema Mamon 61
  25. Ube i kolačići od kave 64
  26. Ube palačinke 66
  27. Ube Halaya u prahu 68
  28. Ube mliječni kruh 70
  29. Ube krafne s glazurom od kokosa 74
  30. Ube Banana Crunch 76
  31. Pecite d ube s orasima 78
PRELJEVI I NADJEVI 80
  32. Tostirana skuta od kokosa (latik) 81
  33. Malina & Chamoy Pichi-Pichi 83
  34. Horchata Bibingka 85
  35. Kolačići i krema Suman Moron 87
  36. Speculoos Biko 89

37. Mramorirani tahini palitaw 91
38. Espasol Bites 93
39. Mini Salabundt kolači 95
40. Confetti Pianono 97
41. Guava kolačići od ananasa okrenuti naopako 99
42. Ube Macapuno Molten Lava kolači 101
43. Mamon punjen sljezom 103
44. Yema Buckeyes 105

DESERI OD MANGA 107
45. Kolač od sira s mangom i čilijem 108
46. Svježi mango, med i kokos 110
47. Filipinski desert od ljepljive riže s mangom 112
48. Sladoledna pita od manga i čilija 114
49. Puding od tapioke i kokosa s mangom o 116
50. Zvjezdano voće u umaku od manga i naranče 118
51. Sladoledna torta od manga i čilija 120
52. Mango Float 122

DESERI OD BANANA 124
53. Filipinski kolač od banana kuhan na pari 125
54. Kuglice od banane 127
55. Filipinski desert od banane i ličija u kokosovom mlijeku 129
56. Filipinske banane u kokosovom mlijeku 131
57. Slatki krumpir i banana u kokosovom mlijeku 133
58. Proljetne rolice od banane 135

DESERTI OD RIŽE 137
59. Kolač od riže i kokosa na pari 138
60. Puding od riže sa šećernim sirupom od tamnog kokosa 140
61. Filipinske šalice za desertnu rižu 142
62. Slatka palačinka s rižom i kokosom 144
63. Pandan krema i slatko od ljepljive riže u slojevima 146

VOĆNE SALATE 148
64. Buko salata 149
65. Voćna salata na filipinski način 151
66. Salata od tropskog voća 153

KRUH 155
67. Ensaymada 156
68. Pan de Coco 158
69. Španjolski kruh 160
70. Turon (Banana Lumpia) 162
71. Bicho-Bicho (uvrnute krafne) 164
72. Hopija 166
73. Filipinski Bibingka banana kruh 168

ZAMRZNUTE POSLASTICE 171

74. Pandan sladoled 172
75. Filipinski sladoled od manga 174
76. Sladoled s čili karamel umakom 176
77. Obrijani ledeni desert 178
78. Halo-Halo sladoled 180
79. Sorbet od manga i kokosa 182
80. Granita od ananasa i kokosa 184
81. Mango i kokos led 186
82. Sladoled od avokada 188

TOFU DESERI 190
83. Taho 191
84. Tofu Leche Flan 193
85. Tofu Halo-Halo 195
86. Tofu Maja Blanca 197
87. Tofu Mango Sago 199
88. Tofu Ube puding od tapioke 201
89. Tofu buko pandan salata 203

NAMAZI I DŽEMOVI 205
90. Matamis Na Bao 206
91. Karamelizirani džem od banane i jackfruita 208
92. Kompot od breskve i manga 210
93. Džem od manga i ananasa 212
94. žele od guave 214
95. Calamansi marmelada 216
96. Chutney od manga 218
97. Džem od ananasa i kokosa 220
98. Chili Mango Chutney 222
99. Svježi chutney od ananasa 224
100. chutney od limete 226

ZAKLJUČAK 228

UVOD

Dobro došli u "Mayumu: filipinsko-američke slastice", gdje slavimo spoj filipinskog naslijeđa s američkim štihom kroz 100 slatkih poslastica koje mame nepce i poštuju kulinarsku tradiciju. Mayumu, što na filipinskom znači slatkoća, utjelovljuje bit ove kuharice dok istražujemo divno raskrižje okusa, tehnika i sastojaka koji definiraju filipinsko-američke slastice.

U ovoj kuharici krenut ćete na divno putovanje kroz bogat i raznolik svijet filipinsko-američkih slastica. Od klasičnih favorita kao što su leche flan i halo-halo do inovativnih kreacija kao što su ube cheesecake i pandan cupcakes, svaki recept je proslava jedinstvene kulturne mješavine koja karakterizira filipinsko-američku kuhinju. Bez obzira žudite li za nostalgičnim okusima iz djetinjstva ili želite istražiti nove kulinarske horizonte, ovi deserti nude slatki i zadovoljavajući okus oba svijeta.

Ono što izdvaja "MAYUMU: FILIPINSKO AMERIČKI DESERI" je njegova posvećenost autentičnosti i kreativnosti. Svaki recept crpi inspiraciju iz tradicionalnih filipinskih deserata dok uključuje moderne obrate i utjecaje američke kulinarske tradicije. Bilo da se radi o korištenju poznatih sastojaka na nove načine ili eksperimentiranju s inovativnim kombinacijama okusa, ovi deserti odražavaju živahnu i dinamičnu prirodu filipinsko-američke kuhinje.

U ovoj kuharici pronaći ćete praktične savjete za svladavanje osnovnih tehnika, pronalaženje autentičnih sastojaka i unošenje topline i gostoprimstva filipinske kulture u svoje slastice. Bilo da pečete hranu za posebnu prigodu, dijelite poslastice s obitelji i prijateljima ili se jednostavno prepuštate slatkom trenutku brige o sebi, "Mayumu: Filipino američki deserti" poziva vas da uživate u bogatoj tapiseriji okusa i iskustava koja definiraju ovo jedinstveno kulinarsko nasljeđe .

UBE DESERI

1. Ube & Mango Sorbet

SASTOJCI:
- 1 šalica ube (ljubičasti jam) pirea
- 1 šalica pirea od manga
- 1/2 šalice šećera
- 1/4 šalice vode
- 1 žlica soka od limuna

UPUTE:

a) U malom loncu pomiješajte šećer i vodu. Zagrijte na srednjoj vatri uz stalno miješanje dok se šećer potpuno ne otopi. Maknite s vatre i ostavite da se ohladi.

b) U blenderu pomiješajte pire od ubea, pire od manga, ohlađeni šećerni sirup i limunov sok. Miješajte dok ne postane glatko.

c) Ulijte smjesu u aparat za sladoled i mućkajte prema uputama proizvođača dok ne dobijete konzistenciju sorbeta.

d) Prebacite sorbet u posudu i zamrznite najmanje 4 sata prije posluživanja.

2.Mochi stil Ube Halaya

SASTOJCI:
- 1 šalica ljepljivog rižinog brašna
- 1/4 šalice šećera
- 1 šalica vode
- 1/2 šalice ube halaya u prahu
- Dodatno ljepljivo rižino brašno za posipanje

UPUTE:
a) U zdjeli prikladnoj za mikrovalnu pomiješajte ljepljivo rižino brašno, šećer i vodu. Miješajte dok ne postane glatko.
b) Stavite smjesu u mikrovalnu na najjaču 2-3 minute, miješajući svaku minutu, dok se ne zgusne u ljepljivo tijesto.
c) Pustite da se tijesto malo ohladi, zatim ga podijelite na male dijelove i svaki dio spljoštite u disk.
d) Stavite malu količinu ube halaya u prahu u sredinu svakog diska od tijesta, zatim stisnite rubove da se spoje i oblikuju kuglu.
e) Uvaljajte kuglice u dodatno ljepljivo rižino brašno da se ne zalijepe.
f) Poslužite odmah ili čuvajte u hermetički zatvorenoj posudi na sobnoj temperaturi do 2 dana.

3. Ube & Mango Lumpia

SASTOJCI:
- Lumpia omoti (kupljeni ili domaći)
- Ube halaya
- Kriške zrelog manga
- Ulje za prženje
- Šećer u prahu za posipanje (po želji)

UPUTE:
a) Položite omot lumpije na čistu površinu.
b) Žlicom stavite malu količinu ube halaya na sredinu omota.
c) Stavite krišku zrelog manga na vrh ube halaya.
d) Stranice omota presavijte preko nadjeva, zatim ga čvrsto smotajte u cilindar, zatvorite rubove vodom.
e) Ponovite s preostalim omotima i nadjevom.
f) Zagrijte ulje za kuhanje u fritezi ili tavi na 350°F (175°C).
g) Pažljivo dodajte lumpia rolice u vruće ulje u serijama, pržite dok ne postanu zlatnosmeđe i hrskave, oko 3-4 minute po seriji.
h) Izvadite lumpije iz ulja i ocijedite ih na papirnatim ručnicima.
i) Po želji, pospite lumpiju šećerom u prahu prije posluživanja.
j) Poslužite toplo i uživajte!

4.Ube torta od sira bez pečenja

SASTOJCI:
SASTOJCI ZA NADJEV
- 2 šalice veganskog krem sira
- 1 šalica ube 250 grama
- 1 šalica kokosovog vrhnja
- ½ šalice javorovog sirupa
- ½ žlice vanilije
- ½ žlice cimeta

SASTOJCI ZA KORE
- 2 šalice pekan oraha
- ¼ šalice kokosovog šećera
- ¼ šalice kokosovog ulja
- mrvica vanilije
- prstohvat soli

UPUTE:
a) Započnite pranjem i guljenjem ube. Zatim ga grubo narežite na manje komade.
b) Stavite ube u kipuću vodu i kuhajte 7-10 minuta, dok slatki krompir ne postane super mekan i u njega možete lako zabosti vilicu.
c) Nakon što je ube kuhano, zgnječite ga vilicom ili gnječilicom za krumpir.
d) Izmjerite 250 grama, što je jednako otprilike 1 šalici.
e) Dodajte ube, krem sir, kokosovo vrhnje, javorov sirup, vaniliju i cimet u multipraktik i pomiješajte sve sastojke dok ne budu super glatki.
f) Ja sam svoj blendao najmanje pet minuta na velikoj brzini jer sam želio super glatku teksturu.
g) Nakon što je nadjev kolača od sira kremast i gladak, ostavite ga sa strane.
h) U čistu sjeckalicu dodajte pekan orahe, šećer, kokosovo ulje, vaniliju i sol. Pusirajte ih dok se dobro ne sjedine.
i) Kalup za pečenje obložite papirom za pečenje i obilno ga premažite kokosovim uljem.
j) Fil za kore prebaciti u pleh. Možda je malo mekano i tekuće, ali u redu je jer će se stvrdnuti u hladnjaku.

k) Žlicom provjerite je li ravnomjerno raspoređeno po tavi.
l) Sada izlijte nadjev za tortu od sira na vrh kore i žlicom zagladite vrh i napravite ravnomjeran sloj.
m) Stavite kolač od sira u hladnjak preko noći ili 6 ili više sati. Trebat će mu ovo vrijeme da se potpuno stvrdne.
n) Kada je torta gotova, narežite je i uživajte!

5. Ube Rolani sladoled

SASTOJCI:
- 1 šalica kocke ube
- 2 šalice gustog vrhnja
- Limenka od 14 unci zaslađenog kondenziranog mlijeka
- 1 žličica ekstrakta kokosa
- Tostirani kokos, za ukras

UPUTE:
a) U malom loncu zakuhajte 4 šalice vode.
b) Dodajte ube narezano na kockice i kuhajte na laganoj vatri 5 do 10 minuta dok vilica ne omekša.
c) Kuhane komadiće krumpira procijedite i ostavite da se ohlade.
d) Dodajte vrhnje, kondenzirano mlijeko i kuhani ube u blender.
e) Miješajte velikom brzinom oko 5 sekundi dok se ne sjedini.
f) Izlijte smjesu na lim za pečenje obrubljen i zamrznite oko 30 minuta dok se ne stegne.
g) Sladoled narežite na trakice, pa lopaticom lagano zarolajte sladoled u kratke cjevčice.
h) Svaku cijev stavite u zdjelu i pospite prženim kokosom.

6. Ube Mochi

SASTOJCI:
- 4 jaja
- 2 šalice mlijeka bez masti
- 1 limenka 13,5 unci kokosovog mlijeka
- 1 žličica vanilije
- 2 žličice ekstrakta ube
- 1 kutija mochiko brašna od 16 unci
- 2 šalice šećera
- 2 žličice praška za pecivo
- ½ žličice soli
- 1/2 šalice otopljenog neslanog maslaca

UPUTE:
a) Zagrijte pećnicu na 350F.
b) U srednjoj zdjeli za miješanje pomiješajte mokre sastojke jaja, mlijeko, kokosovo mlijeko, ekstrakt ubea i vaniliju. Promiješajte da se sjedini. Staviti na stranu.
c) U velikoj zdjeli za miješanje pomiješajte suhe sastojke mochiko brašno, šećer, prašak za pecivo i sol. Promiješajte da se sjedini.
d) Dodajte mokre sastojke u suhe. Promiješajte da se sjedini. Dodajte maslac i ponovno promiješajte dok se dobro ne sjedini.
e) Tepsiju 9×13 obložite papirom za pečenje. Ulijte smjesu u tavu i lupkajte po tavi da oslobodite sve mjehuriće zraka.
f) Stavite u pećnicu i pecite 1 sat ili dok vrh ne porumeni.
g) Neka se posuda potpuno ohladi prije rezanja i uživanja.

7.Ube kolačići s ube meringueom

SASTOJCI:
ZA KOLAČICE
- 1 i 1/4 štapića neslanog maslaca sobne temperature
- 1 i 2/3 šalice višenamjenskog brašna
- 3/4 žlice praška za pecivo
- 1 i 3/4 šalice šećera
- 1 žličica soli
- 3 žličice ube arome Flavacol ili Mc Cormick
- 3 bjelanjka sobne temperature
- 3/4 šalice mlijeka sobne temperature

ZA UBE SWISS MERINGUE PUTERKREM
- 3 bjelanjka
- 3/4 šalice šećera
- 1 i 1/2 štapića neslanog omekšalog maslaca
- 1 žlica arome ube

UPUTE:
a) Zagrijte pećnicu na 350 F. Obložite kalup za muffine kalupima za kolače, a drugi obložite s 5 kalupa.
b) Miješajte maslac, prašak za pecivo, sol, šećer i aromu ube u zdjeli samostojećeg miksera oko 5 minuta dok sastojci ne postanu pahuljasti i spojeni.
c) S mikserom na maloj brzini, dodajte jedan po jedan bjelanjak i miksajte nekoliko sekundi dok se potpuno ne sjedini sa smjesom.
d) Dodajte ⅓ brašna i nastavite miješati. Dodajte pola mlijeka, promiješajte pa dodajte još jednu trećinu brašna. Dodajte preostalu polovicu mlijeka, miješajte dok se ne sjedini i na kraju dodajte preostalu trećinu brašna.
e) Mijesite tijesto još nekoliko minuta dok ne postane glatko. Žlicom stavljajte u šalice dok ne budu pune 2/3.
f) Pecite u pećnici zagrijanoj na 350 F 15-18 minuta ili dok čačkalica zabodena u sredinu kolačića ne izađe čista. Ohladite kolače u potpunosti na rešetki prije glazure.

ZA ŠVICARSKI MERINGUE PUTERKREM:
g) Napunite posudu za kuhanje s oko 2-3 inča vode. Zakuhajte vodu, smanjite vatru i pustite da lagano kuha.

h) Stavite staklenu posudu otpornu na toplinu na vrh lonca s kipućom vodom. To bi trebala biti zdjela koja savršeno pristaje iznad lonca. Voda koja ključa ne smije dodirivati dno posude. Ako se dogodi, morate pažljivo smanjiti količinu vode.
i) U zdjelu dodajte bjelanjke i šećer i počnite neprestano miješati žicom. Nakon što smjesa postane pjenasta i bijela i dosegne temperaturu od 160 F, isključite vatru. To bi trebalo trajati desetak minuta. Ulijte smjesu od bjelanjaka u zdjelu samostojećeg miksera opremljenog pjenjačom. Počnite miješati velikom brzinom dok smjesa ne dobije sjajne i čvrste vrhove. To bi trebalo trajati oko 5-8 minuta. Posuda treba biti hladna na dodir.
j) U mikser dodajte omekšali maslac i nastavite mutiti. Krema od maslaca može postati grudasta ili se na trenutak može zgrušati. Nastavite mutiti dok se ne dobije gusta, pahuljasta glazura. Dodajte aromu ube i nastavite miješati dok se ne sjedini.
k) Čuvajte u dobro zatvorenoj posudi na sobnoj temperaturi ili upotrijebite glazuru odmah.

8. Ube Tres Leches torta

SASTOJCI:
- 3 velika jaja, odvojena
- 1/8 žličice tartar kreme
- 1 šalica šećera
- 1 šalica višenamjenskog brašna
- 2 žličice praška za pecivo
- 1/4 šalice punomasnog mlijeka
- 2 žličice ekstrakta ube

ZA TEKUĆINU ZA NAMAKANJE
- 1 šalica gustog vrhnja
- 1 konzerva kokosovog mlijeka
- 1 limenka kondenziranog mlijeka

ZA BEGE
- 4 bjelanjka
- 1/8 žličice tartar kreme
- 2 žlice šećera
- 1/4 šalice nezaslađenog naribanog kokosa

UPUTE:
a) Zagrijte pećnicu na 350F. Namastite staklenu posudu za pečenje 8X8 i ostavite sa strane.
b) U posebnoj zdjeli pomiješajte brašno i prašak za pecivo. Staviti na stranu.
c) U zdjeli samostojećeg miksera umutite bjelanjke i tartar dok ne dobijete mekane vrhove. Polako dodajte šećer i mutite dok ne postane čvrsto.
d) Tucite žumanjke jedan po jedan dok se ne sjedine.
e) Uključite mikser na nisku brzinu i malo po malo umiješajte brašno dok se ne sjedini.
f) U mjernoj čaši pomiješajte mlijeko i ekstrakt ube. Ulijte ovu smjesu u tijesto za kolače i tucite dok ne postane glatko.
g) Ulijte ovo tijesto u podmazan pleh i pecite 25-30 minuta. Kolač će odskočiti kad ga dodirnete. Ohladite 10 minuta dok pripremate tekućinu za namakanje.
h) Umutite vrhnje, kokosovo mlijeko i kondenzirano mlijeko dok se dobro ne sjedine.

i) Štapićem za jelo ili ražnjićima izbušite rupe u kolaču na udaljenosti od otprilike 1/2"-1". Svu tekućinu za namakanje prelijte po kolaču. Izgledat će kao da je previše, ali pričekajte nekoliko sekundi i sve će se upiti u spužvicu.
j) Stavite u hladnjak na najmanje sat vremena ili preko noći.

NAPRAVITE MERINGUE.

k) Bjelanjke, tartar kremu i šećer umutite u čvrsti snijeg. Premažite vrh torte i pecite u pećnici zagrijanoj na 350 F 10 minuta ili dok ne porumeni.

9. Ube i kremasta pita od kokosa

SASTOJCI:

ZA KORE:
- 7 unci čokoladnih vafel keksa mrvica, fino samljevenih
- 4 žlice neslanog maslaca, otopljenog

ZA PUNJENJE:
- 13 1/2 unce limenke punomasnog kokosovog mlijeka
- 1 1/2 šalice punomasnog mlijeka, podijeljeno
- 12 unci ube halaya
- 1/3 šalice granuliranog šećera
- 1/2 žličice košer soli
- 1/8 žličice mljevenog cimeta
- 5 žumanjaka
- 1/3 šalice kukuruznog škroba
- 1 žličica ekstrakta vanilije
- 1 žličica ekstrakta ube
- šlag, za preljev

UPUTE:

a) Zagrijte pećnicu na 350 stupnjeva F.
b) Vafter kekse sitno sameljite u sjeckalici. Ulijte otopljeni maslac i mijesite dok se ravnomjerno ne navlaži. Izbacite u lagano maslacem namazan kalup za pite od 9 inča. Čvrsto pritisnite na strane i dno.
c) Pecite 8 minuta samo da se stegne. Pustite da se potpuno ohladi.
d) Da biste napravili nadjev, pomiješajte kokosovo mlijeko, 1 1/4 šalice punomasnog mlijeka, ube halaya, šećer, sol i cimet u teškoj tavi postavljenoj na srednje jaku vatru. Pustite da lagano kuha uz povremeno miješanje dok se šećer ne otopi.
e) Umutite preostalu 1/4 šalice mlijeka sa žumanjcima u srednjoj zdjeli. Umiješajte kukuruzni škrob dok ne postane glatko i ne ostanu grudice.
f) Polako ulijte 1/4 šalice ili tako nešto vruće mliječne smjese, snažno miješajući. Nastavite miješati u vrućem mlijeku, 1/4 šalice odjednom, dok se otprilike 1/3 mliječne smjese ne uklopi i smjesa žumanjaka ne postane topla na dodir.

g) Ulijte u lonac s preostalom smjesom mlijeka i vratite na srednju vatru.
h) Pustite da prokuha, često miješajući kako dno kreme ne bi zagorjelo, a kada počne mjehuriti, nastavite kuhati 2 minute.
i) Maknite s vatre i umiješajte ekstrakte vanilije i ubea.
j) U ohlađenu koru izlijte kremu, rasporedite u ravnomjeran sloj. Pustite da se ohladi na sobnoj temperaturi, zatim pokrijte i stavite u hladnjak najmanje 3 sata ili preko noći dok se potpuno ne stegne.
k) Neposredno prije posluživanja prelijte svježim šlagom. Ukrasite sezonskim posipima po želji.

10.Ube maslac za jastuke

SASTOJCI:
- 1 šalica neslanog maslaca, omekšalog
- 1/2 šalice šećera u prahu
- 1/4 šalice ube halaya

UPUTE:
a) U zdjeli za miješanje istucite omekšali maslac dok ne postane kremast.
b) Postupno dodajte šećer u prahu i tucite dok se dobro ne sjedini i postane pjenasto.
c) Dodajte ube halaya i nastavite tući dok se potpuno ne sjedini i smjesa ne postane glatka.
d) Prebacite ube maslac za jastuke u hermetički zatvorenu posudu i pohranite u hladnjak do upotrebe.

11. Ube Panna Cotta

SASTOJCI:
- 2 žličice želatine u prahu
- 3 žlice hladne vode
- 1 1/4 šalice gustog vrhnja od kokosa
- 1/2 šalice bijelog šećera
- 2 žličice ekstrakta ube
- 1/4 žličice soli
- 2 šalice kokosovog mlijeka
- 1/2 šalice prženih pahuljica kokosa

UPUTE:
a) Prvo stavite sve svoje šalice/ramekine na pult tako da budete spremni za ulijevanje smjese za panna cottu.
b) Zatim napravite panna cottu! Stavite 3 žlice hladne vode u plitku, široku zdjelu i posipajte želatinu po vodi tako da sav prah dobije malo tekućine/modra. Ostavite na pultu dalje od štednjaka 5-10 minuta da procvjeta/hidratizira.
c) Zasebno počnite zagrijavati kokosovo vrhnje i šećer u maloj-srednjoj posudi na srednjoj vatri – neprestano miješajući kako smjesa ne bi prokuhala ili zagorjela. Pomoću termometra za slatkiše pričvršćenog na tavu zagrijte smjesu dok ne dosegne 170°F, zatim isključite vatru, uklonite termometar i umiješajte nabujalu želatinu, sol i ekstrakt ube dok se potpuno ne sjedine.
d) Na kraju dodajte kokosovo mlijeko i miješajte dok ne postane glatko. Ako vas brinu grudice, procijedite tekućinu kroz sito. Zatim ravnomjerno ulijte smjesu u svojih šest posuda.
e) Pažljivo stavite šest šalica/zdjelica u hladnjak i ostavite da se hladi najmanje 8 sati ili samo preko noći.
f) Nakon što se panna cotta stegne, trebala bi biti još malo drhtava, ali bi trebala ostati u šalicama ako se okrene.
g) Na kraju svaku svoju panna cottu prelijte otprilike žlicom prženih kokosovih pahuljica! Za prženje kokosovih pahuljica, zagrijte ih u tavi s ravnim dnom, neprestano miješajući, dok ne porumene, zatim odmah maknite s vatre i istresite pahuljice na papirnate ručnike da se ohlade.
h) Nakon što je vaša panna cotta prelivena kokosom, poslužite!
i) Držite u hladnjaku do posluživanja.

12.Smrznuta Ube Halaya

SASTOJCI:
- 2 šalice kuhanog i zgnječenog ljubičastog jama (ube)
- 1 limenka (14 unci) kondenziranog mlijeka
- 1 limenka (12 unci) evaporiranog mlijeka
- 1/2 šalice šećera
- 1/4 šalice maslaca

UPUTE:
a) U velikoj tavi koja se ne lijepi, pomiješajte pasirani ljubičasti slatki krompir, kondenzirano mlijeko, evaporirano mlijeko i šećer.
b) Smjesu kuhajte na srednjoj vatri uz stalno miješanje dok se ne zgusne i odvoji od stijenki posude.
c) Dodajte maslac i nastavite kuhati uz stalno miješanje dok smjesa ne postane vrlo gusta i gotovo suha.
d) Smjesu prebacite u pravokutnu posudu obloženu papirom za pečenje. Zagladite vrh lopaticom.
e) Pustite da se halaya potpuno ohladi, zatim pokrijte plastičnom folijom i zamrznite najmanje 4 sata ili dok se ne stegne.
f) Nakon što se zamrzne, narežite na kriške za posluživanje i uživajte!

13. Ube sladoled

SASTOJCI:
- 2 šalice jakog vrhnja za šlag 36% masti ili više
- 3/4 šalice zaslađenog kondenziranog mlijeka
- 2 žličice ekstrakta arome ube
- 1 žlica ube u prahu
- 1/2 žličice ekstrakta vanilije

UPUTE:
a) Ulijte 2 šalice hladnog čvrstog vrhnja za šlag u veliku zdjelu za miješanje i umutite ga velikom brzinom električnim ručnim mikserom. Tucite dok se ne formiraju čvrsti vrhovi.
b) Sada dodajte 3/4 šalice zaslađenog kondenziranog mlijeka u šlag i ponovno tucite oko 1-2 minute velikom brzinom.
c) Zatim dodajte 2 žličice ekstrakta arome ube, 1 žlicu ube praha i 1/2 žličice ekstrakta vanilije.
d) Sve dobro izmiješajte i prebacite u kalup za kruh. Pokrijte folijom i zamrznite oko 5 sati prije posluživanja.

14.Ube kolačići

SASTOJCI:
- 36 komada smrznutih 2-inčnih mini ljuski za torte, odmrznutih
- 1 komad krem sira od 8 unci sobne temperature
- 5 unci ube pekmeza sobne temperature
- ½ šalice zaslađenog kondenziranog mlijeka
- 2½ žličice ekstrakta ube
- prstohvat soli

UPUTE:
a) Zagrijte pećnicu na 375F. Stavite kore za kolače na lim za pečenje i pecite 10 minuta ili dok ne porumene.
b) Pažljivo ih izvadite iz kalupa i ostavite sa strane da se ohlade. Snizite temperaturu pećnice na 350F.
c) U velikoj zdjeli pomoću ručnog električnog miksera ili uz pomoć samostojećeg miksera opremljenog nastavkom s lopaticom, tucite krem sir i džem od ube dok ne postane glatko i sjedinjeno.
d) Dodajte ekstrakt ubea, kondenzirano mlijeko i sol u smjesu ubea i nastavite miješati dok se dobro ne sjedini.
e) Korice za tart napunite ube nadjevom.
f) Pecite 10 minuta ili dok se nadjev ne stegne i korica ne porumeni.
g) Izvadite iz pećnice, malo ohladite i poslužite. Također možete odlučiti ohladiti torte prije posluživanja. Uživati!

15.Pandesal s Ube nadjevom

SASTOJCI:
ZA TIJESTO:
- 4 šalice višenamjenskog brašna
- 1/2 šalice šećera
- 2 1/4 žličice instant kvasca
- 1/2 šalice vode
- 1/2 šalice evaporiranog mlijeka
- 2 velika jaja
- 1/4 šalice neslanog maslaca, omekšalog

ZA UBE PUNJENJE:
- 1 šalica pasiranog ljubičastog jama (ube)
- 1/2 šalice zaslađenog kondenziranog mlijeka

UPUTE:
a) U zdjeli pomiješajte brašno, šećer i instant kvasac.
b) Suhim sastojcima dodajte vodu, evaporirano mlijeko i jaja. Miješajte dok se ne formira tijesto.
c) Dodajte omekšali maslac i mijesite dok tijesto ne postane glatko i elastično.
d) Pokrijte tijesto i ostavite da se diže na toplom mjestu dok se ne udvostruči, oko 1-2 sata.
e) U međuvremenu pripremite nadjev od ubea miješanjem pasiranog ljubičastog jama i zaslađenog kondenziranog mlijeka dok se dobro ne sjedine.
f) Tijesto izbušiti i podijeliti na dijelove.
g) Svaki dio tijesta poravnajte iu sredinu stavite žlicu nadjeva od ubeta.
h) Stavite nadjev tako da spojite rubove tijesta, pa oblikujte kuglice.
i) Napunjene kuglice od tijesta uvaljajte u prezle.
j) Premazane kuglice tijesta stavljati u pleh obložen papirom za pečenje.
k) Ostavite da se oblikovano tijesto ponovno diže dok ne postane pufnasto, oko 30 minuta.
l) Zagrijte pećnicu na 350°F (175°C).
m) Pecite u prethodno zagrijanoj pećnici 15-20 minuta ili dok ne porumene.
n) Izvadite iz pećnice i pustite da se malo ohladi prije posluživanja.

16.Ube Flan

SASTOJCI:
- 10 žumanjaka
- Kondenzirano mlijeko od 14 unci
- 12 unci limenke evaporiranog mlijeka
- 1 žlica ekstrakta ube
- 3/4 šalice granuliranog šećera
- 2 žlice vode

UPUTE:
a) Zagrijte pećnicu na 350F
b) U manjem loncu kuhajte šećer i vodu na srednjoj vatri dok se sav šećer ne otopi
c) Zatim smanjite vatru i nastavite kuhati šećer dok ne dobijete zlatnu karamel boju
d) Podijelite karamel na 6 ramekina i ostavite sa strane da se ohladi
e) U velikoj zdjeli lagano izmiješajte žumanjke s kondenziranim mlijekom i ekstraktom ubea
f) Zatim ulijte evaporirano mlijeko i lagano promiješajte da se sjedini
g) Ulijte smjesu jaja i mlijeka kroz fino sito i njome napunite svaku ramekinu, jedva do vrha
h) Dno pleha za pečenje obložite kuhinjskom krpom i na nju stavite svaku ramekin
i) Zatim napunite lim za pečenje kipućom vodom dok ne dođe do polovice stranica ramekina
j) Prebacite pleh u pećnicu i pecite 45-55 minuta.

17.Ube panna cotta od rižinog mlijeka

SASTOJCI:
- 1 ube, oguljene
- 1 ½ šalice punomasnog mlijeka, podijeljeno
- 1 šalica rižinog mlijeka
- ½ šalice bijelog šećera
- 1/4 unce pakiranja želatine bez okusa

UPUTE:
a) Stavite uložak za kuhanje na paru u posudu za umake i napunite vodom malo ispod dna posude za kuhanje na pari.
b) Zakuhajte vodu. Dodajte ube, poklopite i kuhajte na pari dok ne omekša, oko 20 minuta. Ohladite dok ne bude lako rukovati.
c) Pire ube u blenderu ili multipraktiku, ili dobro zgnječite rukom.
d) Pomiješajte 1 šalicu pasiranog ubea, 3/4 šalice mlijeka, rižino mlijeko i šećer u blenderu ili procesoru hrane; miksajte dok potpuno ne postane glatko.
e) Ulijte preostalih 3/4 šalice punomasnog mlijeka u lonac. Po vrhu pospite želatinu. Neka odstoji 5 minuta.
f) Zagrijte smjesu mlijeka i želatine na srednje niskoj temperaturi, miješajući dok se želatina ne otopi, 3 do 5 minuta. Ulijte smjesu ube i pojačajte temperaturu na srednju. Zagrijte dok se para ne počne dizati iz smjese, povremeno miješajući, 3 do 5 minuta.
g) Ulijte smjesu u pojedinačne čaše ili kalupe za posluživanje. Prebacite u hladnjak i ohladite dok se ne stegne, oko 3 sata.

18.Haupia i Ube pita

SASTOJCI:
KORA:
- 1 ½ šalice višenamjenskog brašna
- ⅓ šalice bijelog šećera
- ¾ šalice maslaca, narezanog na kockice

UBE SLOJ:
- ½ šalice maslaca, omekšalog
- ½ šalice bijelog šećera
- 2 jaja
- 3 šalice kuhanog i zgnječenog ube
- ½ šalice mlijeka
- 1 žličica ekstrakta vanilije

HAUPIJA SLOJ:
- 1 ¼ šalice hladne vode
- ½ šalice bijelog šećera
- ½ šalice kukuruznog škroba
- Dvije limenke kokosovog mlijeka od 14 unci
- 2 šalice naribanog kokosa

UPUTE:
a) Zagrijte pećnicu na 350 stupnjeva F. Podmažite posudu za pečenje 9x13 inča.
b) Pomiješajte brašno i 1/3 šalice bijelog šećera zajedno u velikoj zdjeli. Prstima utrljajte maslac dok smjesa ne postane pjenasta. Utisnuti u podmazan pleh.
c) Pecite koru u prethodno zagrijanoj pećnici dok ne porumeni oko rubova, oko 10 minuta.
d) Tucite 1/2 šalice maslaca i 1/2 šalice bijelog šećera u zdjeli električnom miješalicom dok ne postane kremasto. Umutiti jedno po jedno jaje. Pomiješajte zgnječenu ubu, mlijeko i ekstrakt vanilije dok tijesto ne bude konzistencije tijesta za palačinke. Preliti preko kore.
e) Pecite u prethodno zagrijanoj pećnici dok se ube ne stegne, oko 30 minuta.
f) Umutite vodu, 1/2 šalice bijelog šećera i kukuruzni škrob u maloj zdjeli dok ne postane glatko.

g) Ulijte kokosovo mlijeko u tavu od 5 litara.
h) Neka kuha na laganoj vatri, oko 5 minuta. Ulijte vodenu smjesu, neprestano miješajući dok se kokosovo mlijeko ne zgusne, 3 do 5 minuta. Umiješajte nasjeckani kokos; kuhati i miješati dok se smjesa ne zgusne, još oko 5 minuta.
i) Ulijte kokosovu smjesu preko ube sloja. Stavite u hladnjak dok se ne stegne, 4 sata do preko noći.

19. Ube torta od sira s korom od kolačića od kokosa

SASTOJCI:
KORA ZA KOLAČIĆE
- 1 ½ šalice mrvica graham krekera
- ½ šalice zaslađenog naribanog kokosa
- 6 žlica neslanog maslaca otopljenog i malo ohlađenog
- prstohvat soli

UBE CHEESECAKE NADJEV
- 2 Krem sira u bloku od 8 unci sobne temperature
- Možda će trebati više ½ šalice granuliranog šećera
- 5 unci ube pekmeza sobne temperature
- ¾ šalice kiselog vrhnja sobne temperature
- 1 žličica ekstrakta vanilije
- 3 žličice ekstrakta ube
- 3 kom velika jaja sobne temperature

ŠLAG OD KOKOSA
- Ohlađena kokosova krema od 14 unci
- 2 žlice granuliranog šećera
- 1 žličica ekstrakta vanilije

UPUTE:
a) Zagrijte pećnicu na 325F. Obložite dno kalupa od 9 inča papirom za pečenje i ostavite sa strane.
b) U srednje velikoj zdjeli pomiješajte sve sastojke za koru i miješajte dok ne postanu ravnomjerno vlažni.
c) Premjestite u pripremljenu tavu i upotrijebite stražnju stranu žlice ili mjerne posude kako biste je čvrsto stisnuli na dno. Staviti na stranu.
d) Koristeći ručnu električnu miješalicu ili stalnu miješalicu opremljenu nastavkom s lopaticom, tucite krem sir srednjom/velikom brzinom dok ne postane pjenast, 2-3 minute.
e) Dodajte ½ šalice šećera i nastavite miksati još 2 minute.
f) Dodajte 5 unci ube džema i ¾ šalice kiselog vrhnja. Tucite dok ne postane glatko i sjedinjeno. Pazite da razlomite sve komadiće pekmeza ube.

g) Dodajte 1 žličicu ekstrakta vanilije i 3 žličice ekstrakta ube i miješajte dok se ne sjedini. Kušajte svoje tijesto i odlučite je li vam slatkoća u redu. Dodajte šećer po 1 žlicu po potrebi.
h) Dodajte jedno po jedno jaje, muteći svako dok se ne sjedini. Ne zaboravite ostrugati dno i stranice svoje zdjele kako biste bili sigurni da ste dobili svaki inč tijesta.
i) Ulijte tijesto u posudu i nježno tapkajte po plohi. Stavite posudu na srednju rešetku pećnice. Na donju rešetku stavite posudu za pečenje napunjenu vrućom vodom.
j) Pecite 30 minuta na 325F zatim smanjite temperaturu pećnice na 300F i pecite još 30 minuta ili dok se ne stegne.
k) Isključite pećnicu, malo otvorite vrata pećnice, ali ostavite kolač od sira unutra još sat vremena kako bi se postupno ohladio.
l) Izvadite kolač od sira iz pećnice, prođite tankim, oštrim nožem po rubovima kako biste odvojili kolač od kalupa. Ipak nemojte kolač vaditi iz kalupa. Možete ga staviti ravno u hladnjak da se ohladi 6-8 sati, najbolje preko noći.
m) Kada ste spremni za posluživanje, pripremite šlag od kokosa tako što ćete ohlađenu limenku izvaditi iz hladnjaka i izvaditi čvrste dijelove u malu zdjelu.
n) Dodajte 2 žlice šećera, 1 žličicu ekstrakta vanilije i tucite dok ne postane čvrst.
o) Za posluživanje kolača od sira, prelijte ga komadom šlaga od kokosa i pospite nasjeckanim kokosom.

20.Salata Ube Macapuno

SASTOJCI:
- 1 limenka (12 oz) zaslađenog kondenziranog mlijeka
- 1 šalica višenamjenskog vrhnja ili šlaga
- 1 šalica macapuna (konzerviranih kokosovih oraha)
- 1 šalica kaong (plod šećerne palme), ocijeđen
- 1 šalica nata de coco (kokosov gel), ocijeđen
- 1 šalica mini marshmallowa (po želji)
- Želatina s okusom Ube (po želji), narezana na kockice

UPUTE:
a) U zdjeli pomiješajte zaslađeno kondenzirano mlijeko i višenamjensko vrhnje ili šlag. Miješajte dok se dobro ne sjedini.
b) Dodajte macapuno, kaong i nata de coco u smjesu mlijeka i vrhnja. Dobro promiješajte.
c) Po želji dodajte mini marshmallows i kockice želatine s okusom ubea i lagano ih umiješajte u salatu.
d) Ube macapuno salatu ohladite u hladnjaku najmanje 1 sat prije posluživanja.
e) Poslužite ohlađeno kao jedinstven i ukusan desert.

21.Ube kolač od kreme

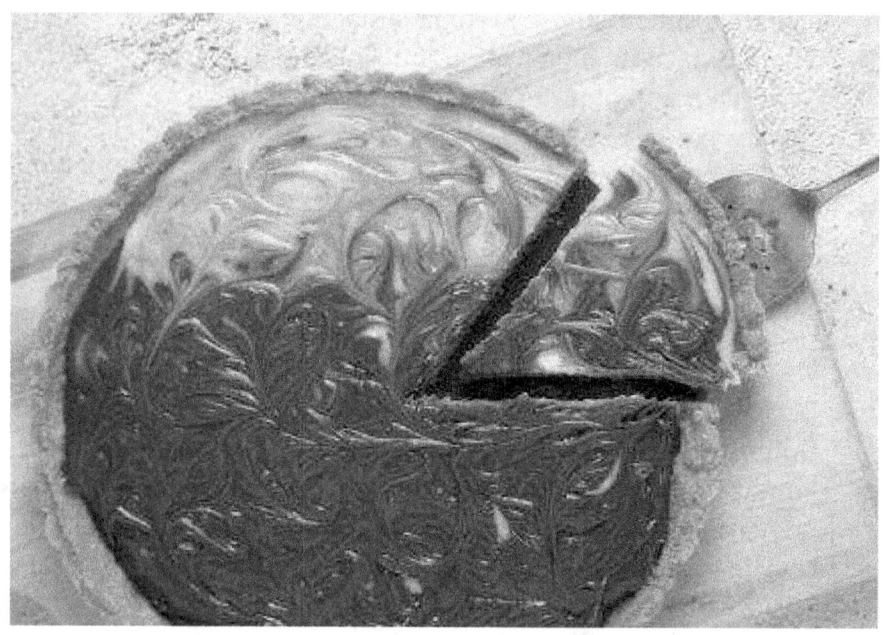

SASTOJCI:
ZA GRAHAM KORE
- 1 i 2/3 šalice Graham mrvica
- 2 žlice šećera
- 6 žlica otopljenog neslanog maslaca

ZA NADJEV UBE KREMŠE
- 1/8 šalice šećera
- 1/4 šalice kukuruznog škroba
- 1 šalica kiselog vrhnja
- 1 i 1/2 šalice kondenziranog mlijeka
- 3 žumanjka
- 2 žličice ube arome

UPUTE:
NAPRAVITE GRAHAM KORE

a) Zagrijte pećnicu na 350 F. U zdjeli za miješanje pomiješajte šećer i graham mrvice. Dobro promiješati. Ulijte otopljeni maslac i promiješajte smjesu da se rastopljeni maslac rasporedi. Smjesa će biti pomalo vlažna.

b) Premjestite smjesu u sredinu kalupa za tart od 11 inča s dnom koje se može ukloniti. Smjesu rasporedite po cijeloj površini tako da dno posude bude pokriveno. Koristeći podnožje okrugle čaše ili mjerne čaše, pritisnite graham smjesu o tavu, pomaknite se do stranica i čvrsto je pritisnite. Smjesu treba čvrsto stisnuti tako da se čvrsto priljube uz površinu i stranice kalupa za tart. Pecite koru na 350 F deset minuta, ili dok se kora ne stegne.

NAPRAVITE NADJEV

c) Pomiješajte šećer i kukuruzni škrob u srednje velikoj tavi. Dodajte kondenzirano mlijeko i kiselo vrhnje i sve miješajte dok smjesa ne postane glatka. Postavite tavu na srednju vatru. Kuhajte smjesu uz stalno miješanje dok ne postane gusta gotovo mazive konzistencije. Isključite toplinu.

d) U manjoj posudi lagano istucite žumanjke. Dodajte oko 1 šalicu vruće smjese u žumanjke i odmah promiješajte. Ovu smjesu vratite u pleh. Smjesu ponovno kuhajte na srednjoj vatri ovaj put oko 5 minuta, stalno miješajući dok ne postane gusta. Smjesa bi trebala padati u komadima kada je pustite da pada sa žlice. Ugasite vatru i ostavite smjesu da se malo ohladi.

e) Podijelite kremu na dva jednaka dijela. U jednu porciju umiješajte 2 žličice ekstrakta ube dok se boja ne ujednači. Prelijte običnu kremu na jednu stranu kore za tart, a zatim ulijte ube kremu na drugu polovicu.

f) Alternativno možete dodavati kreme naizmjenično na koru kako biste stvorili efekt mramoriranja. Upotrijebite dva komada čistih čačkalica kako biste zavrtjeli smjesu za taj zaokretni učinak.

g) Ostavite tart da se ohladi u hladnjaku najmanje dva sata prije posluživanja.

22. Malasadas Ube

SASTOJCI:
- 1 unca kvasca
- 11/2 funte višenamjenskog brašna
- 2 unce ube krumpirovog brašna
- 31/2 unce granuliranog šećera
- ¾ žličice soli
- 2 unce neslanog maslaca
- 1 šalica evaporiranog mlijeka
- 6 jaja
- ½ žlice paste od vanilije
- 2 žlice koncentrata ube

UPUTE:
a) Umiješajte kvasac sa šećerom i vodom i ostavite pet minuta da nabubri.
b) Pomoću nastavka s lopaticom dodajte sve mokre sastojke i umiješajte u suhu smjesu.
c) Nakon što je tijesto glatko i bez grudica, spremite ga u posudu da odstoji preko noći.
d) Kad je spremno, lagano ispuhati.
e) Koristeći žlicu za sladoled, pažljivo ubacite kuglice tijesta u vruće ulje za prženje na 365 stupnjeva F.
f) Uvaljajte u šećer kada malasade izađu iz friteze.

23. Ube Macapuno kolač od ljepljive riže

SASTOJCI:
- 2 šalice ljepljivog rižinog brašna
- 1 limenka kondenziranog mlijeka
- 1 limenka evaporiranog mlijeka
- 400 ml kokosovog mlijeka
- 4 velika jaja
- 340 g macapuna
- 5 žlica otopljenog maslaca
- 1 žlica arome ube
- dodatni maslac, za četkanje

UPUTE:
a) U velikoj zdjeli pomiješajte jaja, kondenzirano mlijeko i otopljeni maslac. Pomiješajte da se sjedini.
b) Dodajte evaporirano mlijeko, kokosovo mlijeko i aromu ube. Dobro izmiješajte dok se ne sjedini.
c) Dodajte macapuno. Samo pomiješajte da se sjedini.
d) Zatim dodajte brašno od ljepljive riže. Miješajte dok se dobro ne sjedini.
e) Tucite dok se ne vide grudice.
f) Izlijte smjesu u posudu za pečenje 8 x 8".
g) Pecite u prethodno zagrijanoj pećnici na 180C 30-40 minuta.
h) Izvadite iz pećnice.
i) Premažite vrh otopljenim maslacem.
j) Ponovno pecite na 170C 20 minuta.

24. Ube krema Mamon

SASTOJCI:
KREMA
- 2 žličice šećera
- 4 kom velika jaja
- 1 šalica kondenziranog mlijeka
- ¾ šalice evaporiranog mlijeka
- 1 žličica ekstrakta vanilije

UBE MAMON
- 4 žumanjka
- ¼ šalice biljnog ulja
- ¾ šalice mlijeka
- 1 ½ šalice brašna za kolače
- 2 žličice praška za pecivo
- ¼ žličice soli
- ½ šalice bijelog šećera
- 1 žlica ube arome
- 4 bjelanjka
- ½ žličice tartar kreme
- ¼ šalice bijelog šećera

UPUTE:
a) U kalup za mamon staviti 2 žličice šećera. Karamelizirati šećer na laganoj vatri. Zatim, ostavite sa strane.
b) Za kremu: U zdjeli pomiješajte jaja, kondenzirano mlijeko, evaporirano mlijeko i ekstrakt vanilije. Miješajte dok se dobro ne sjedini. Smjesu procijedite 3 puta.
c) Napunite otprilike 1/4 šalice smjese za kremu u svaki kalup. Staviti na stranu.
d) Za mamon: U zdjelu prosijte brašno za kolače, prašak za pecivo i sol. Dobro promiješajte. Staviti na stranu. U drugoj zdjeli pomiješajte žumanjke i šećer. Mutiti dok ne dobije svijetlu boju. Dodati ulje, mlijeko i aromu ube. Miješajte dok se ne sjedini. Pomiješajte mokru i suhu smjesu. Miješajte dok se dobro ne sjedini. Nemojte previše miješati!
e) Istucite bjelanjke dok se ne zapjene. Dodajte kremu od tartara. Postupno dodajte šećer. Tucite velikom brzinom dok ne postane čvrsta. Presavijte meringu u tijesto. Napunite oko 2/3 šalice tijesta u svaki kalup. Dodirnite za uklanjanje mjehurića.
f) U tavu ulijte kipuću vodu. Dovoljno da se postigne razina kreme. Pecite u prethodno zagrijanoj pećnici na 160 C na vodenoj kupki oko 40 minuta ili dok čačkalica zabodena u sredinu ne postane čista. Ostaviti sa strane da se ohladi. Stavite u hladnjak da se stegne nekoliko sati dok se krema ne stisne. Poslužite ohlađeno.

25. Ube i kolačići od kave

SASTOJCI:
- 1/3 šalice svježe skuhane tople kave
- 1 unca nezaslađene čokolade, nasjeckane
- ¼ šalice uljane repice
- ⅔ šalice ube pirea
- 2 žličice čistog ekstrakta vanilije

UPUTE:
a) Zagrijte pećnicu na 350 stupnjeva Fahrenheita.
b) U zdjeli pomiješajte kavu i čokoladu od 1 unce i ostavite sa strane 1 minutu.
c) U zdjeli za miješanje pomiješajte ulje, ube pire, ekstrakt vanilije, šećer, kakao prah i sol. Miješajte dok se sve dobro ne sjedini.
d) Pomiješajte brašno i prašak za pecivo u posebnoj posudi. Dodajte komadiće čokolade i dobro promiješajte.
e) Spatulom lagano umiješajte suhe sastojke u mokre dok se svi sastojci ne sjedine.
f) Ulijte tijesto u posudu za pečenje i pecite 30-35 minuta ili dok čačkalica zabodena u sredinu ne izađe čista.
g) Ostavite da se potpuno ohladi.

26.Ube palačinke

SASTOJCI:
- 2 šalice višenamjenskog brašna
- 1 šalica rižinog brašna
- ½ šalice Ube
- 2 žličice krupne soli
- 3 bjelanca
- 2 šalice vode
- 2 šalice konzerviranog nezaslađenog kokosovog mlijeka
- 1 srednja glavica crvene ili zelene salate
- Nadjev od povrća
- Umak od kikirikija

UPUTE:
a) Pomiješajte suhe sastojke u zdjeli i napravite udubljenje u sredini.
b) Dodajte bjelanjke, vodu i kokosovo mlijeko, malo po malo, miješajući ih pjenjačom u suhe sastojke.
c) Tijesto treba imati konzistenciju guste pavlake. Ako je pregusto, razrijedite vodom.
d) Ohladite u hladnjaku najmanje 1 sat.
e) Zagrijte neljepljivu tavu od 8 inča na srednje niskoj temperaturi. U međuvremenu izvadite tijesto iz hladnjaka i umutite da uklonite grudice ili dodajte vode da se razrijedi ako je potrebno.
f) Dodajte oko 1½ unce tijesta u tavu. Okrenite posudu tako da tijesto prekrije cijelu površinu. Kad lumpia izgleda suha, okrenite je uz pomoć gumene lopatice, pazeći da ne porumeni.
g) Izvadite iz posude i ostavite sa strane.
h) Stavite ube crepe na tanjur ravnom stranom prema gore. Posložite 2 lista zelene salate koja se preklapaju tako da s jedne strane prelaze preko ruba.
i) Stavite ¼ šalice toplog nadjeva od povrća na zelenu salatu i zarolajte. Stavite lumpiju na tanjur okrenutom prema dolje.
j) Prelijte umakom od kikirikija. Poslužite odmah.

27.Ube Halaya u prahu

SASTOJCI:
- 2 šalice kuhanog i zgnječenog ljubičastog jama (ube)
- 1 limenka (14 unci) kondenziranog mlijeka
- 1 limenka (12 unci) evaporiranog mlijeka
- 1/2 šalice šećera
- 1/4 šalice maslaca

UPUTE:
a) U velikoj tavi koja se ne lijepi, pomiješajte pasirani ljubičasti slatki krompir, kondenzirano mlijeko, evaporirano mlijeko i šećer.
b) Smjesu kuhajte na srednjoj vatri uz stalno miješanje dok se ne zgusne i odvoji od stijenki posude.
c) Dodajte maslac i nastavite kuhati uz stalno miješanje dok smjesa ne postane vrlo gusta i gotovo suha.
d) Pleh dehidratora obložite papirom za pečenje.
e) Prebacite kuhanu ube halaya smjesu na obloženu pliticu, ravnomjerno je rasporedite tako da dobijete tanki sloj.
f) Postavite svoj dehidrator na odgovarajuću temperaturu za voće ili povrće, obično oko 135°F (57°C).
g) Dehidrirajte ube halaya 12-24 sata, ili dok ne postane potpuno suha i lomljiva. Vrijeme može varirati ovisno o vašem dehidratoru i debljini sloja.
h) Nakon što je ube halaya potpuno dehidrirana, izvadite je iz dehidratora i ostavite da se potpuno ohladi.
i) Dehidrirani ube halaya izlomite na manje komade i prebacite ih u blender ili multipraktik.
j) Pulsirajte komadiće dok se ne samelju u fini prah. Možda ćete to morati raditi u serijama, ovisno o veličini vašeg blendera ili procesora hrane.

28.Ube mliječni kruh

SASTOJCI:
STARTER:
- ⅓ šalice višenamjenskog brašna ili brašna za kruh
- ½ šalice punomasnog mlijeka
- ½ šalice vode

TIJESTO:
- 2 ½ šalice brašna za kruh
- ¼ šalice granuliranog šećera
- 2 ¼ žličice suhog aktivnog kvasca
- 1 žlica mlijeka u prahu
- 1 žličica košer soli
- 1 veliko jaje, umućeno
- ½ šalice punomasnog mlijeka
- ¼ šalice neslanog maslaca, omekšalog

UBE TIJESTO:
- 2 šalice brašna za kruh
- Pakiranje ube praha od 4 unce
- ⅓ šalice granuliranog šećera
- 2 ¼ žličice suhog aktivnog kvasca
- 2 žlice mlijeka u prahu
- 1 žličica košer soli
- 1 veliko jaje, umućeno
- ½ šalice + 2 žlice punomasnog mlijeka
- 1 ½ čajna žličica ekstrakta ube
- ¼ šalice neslanog maslaca, omekšalog

UPUTE:
STARTER:
a) U srednjem loncu pomiješajte brašno, mlijeko i vodu. Stavite na srednju vatru. Često miješajte, pazeći na donje rubove lonca. Kuhajte oko 5 minuta, dok se smjesa ne zgusne do konzistencije pire krumpira.

b) Maknite s vatre i prebacite u zdjelu. Pokrijte plastičnom folijom, pustite da se folija položi izravno na početnu smjesu. Ostavite da se ohladi na sobnoj temperaturi.

TIJESTO:
c) U zdjeli samostojećeg miksera pomiješajte krušno brašno, šećer, kvasac, mlijeko u prahu i sol. Pričvrstite kuku za tijesto na mikser. Dodajte pola ohlađene smjese za starter, jaje i mlijeko. Mijesite na maloj brzini 5 minuta. Spustite zdjelu kako biste osigurali temeljito miješanje.

d) Dodajte omekšali maslac i nastavite mijesiti na niskoj brzini 5 minuta dok se maslac ne uklopi u tijesto. Povećajte brzinu na srednju i mijesite još 5 minuta dok tijesto ne postane glatko i ne odvoji se od stijenki zdjele.

e) Prebacite tijesto u lagano namašćenu zdjelu. Pokrijte plastičnom folijom i ostavite da odstoji 1 sat, ili dok tijesto ne udvostruči volumen. U međuvremenu napravite ube tijesto.

UBE TIJESTO:
f) U zdjeli samostojećeg miksera pomiješajte krušno brašno, ube u prahu, šećer, kvasac, mlijeko u prahu i sol. Pričvrstite kuku za tijesto na mikser. Dodajte ½ šalice ohlađene mješavine za početak, jaje, mlijeko i ekstrakt ubea. Mijesite na maloj brzini 5 minuta. Spustite zdjelu kako biste osigurali temeljito miješanje.

g) Dodajte omekšali maslac i nastavite mijesiti na niskoj brzini 5 minuta dok se maslac ne uklopi u tijesto. Povećajte brzinu na srednju i mijesite još 5 minuta dok tijesto ne postane glatko i ne odvoji se od stijenki zdjele.

h) Prebacite tijesto u lagano namašćenu zdjelu. Pokrijte plastičnom folijom i ostavite da odstoji 1 sat, ili dok tijesto ne udvostruči volumen.

SKUPŠTINA:
i) Namastite dva kalupa za kruh veličine 9x4 ili 9x5 inča ili kalupe za štruce Pullman. Po želji obložite papirom za pečenje kako biste lakše izvadili kruh. Staviti na stranu.
j) Prvo radite s tijestom krem boje. Dignuto tijesto izbušite. Prebacite na lagano pobrašnjenu radnu površinu. Tijesto podijeliti na 8 jednakih dijelova.
k) Svaki dio razvaljajte u kuglicu. Pokrijte tijesto plastičnom folijom dok radite kako se tijesto ne bi osušilo ili stvorilo kožicu.
l) Zatim radite s ube tijestom. Dignuto tijesto izbušite. Prebacite na lagano pobrašnjenu radnu površinu. Tijesto podijeliti na 8 jednakih dijelova.
m) Svaki dio razvaljajte u kuglicu. Pokrijte tijesto plastičnom folijom dok radite kako se tijesto ne bi osušilo ili stvorilo kožicu.
n) Uzmite jednu kuglicu tijesta krem boje. Poravnajte ili razvaljajte tijesto na duljinu od oko 8 inča i 5 inča u širinu.
o) Ponovite valjanje, a zatim stavite tijesto preko tijesta za kremu.
p) Počevši od kraćeg kraja, zarolajte tijesto u cjepanicu.
q) Stavite cjepanicu sa šavom prema dolje u pripremljeni kalup za kruh. Ponavljajte postupak dok kalup za štrucu ne bude imao ukupno četiri cjepanice. Pokrijte kalup za kruh plastičnom folijom i ostavite da odstoji 30-45 minuta na sobnoj temperaturi dok tijesto ne udvostruči volumen i. U međuvremenu zagrijte pećnicu na 350°F.
r) Ponovite ovaj postupak s preostalim kuglicama tijesta. Pogledajte napomene za upute o tome kako napraviti mramorirano tijesto za kalup za štrucu Pullman.*
s) Uklonite plastičnu foliju. Gornji dio tijesta lagano namažite gustim vrhnjem. Pecite u prethodno zagrijanoj pećnici 35-40 minuta dok vrh štruce kruha ne porumeni, a unutarnja temperatura kruha bude najmanje 190°F. Obavezno okrenite kruh usred pečenja radi ravnomjernog raspršivanja.
t) Ostavite kruh da se ohladi u tavi 5 minuta. Izvadite kruh iz posude i ostavite da se ohladi na sobnoj temperaturi na rešetki. Kada se ohladi, narežite kruh nazubljenim nožem.

29. Ube krafne s glazurom od kokosa

SASTOJCI:
ZA KRAFNU
- 1/4 šalice biljnog ulja
- 1/2 šalice mlaćenice
- 2 velika jaja
- 1/2 šalice šećera
- 1/2 žličice soli
- 1 žličica praška za pecivo
- 2 žličice ekstrakta ube
- 1 šalica namjenskog brašna

ZA GLADURU
- 2 šalice šećera u prahu
- 4 žlice kokosovog mlijeka
- 1 žlica mlijeka
- 1/4-1/2 žličice ekstrakta ube
- 1/2 šalice nezaslađenog naribanog kokosa

UPUTE:
a) Zagrijte pećnicu na 350 stupnjeva.
b) Posudu za krafne poprskajte neljepljivim sprejem.
c) Pomiješajte ulje, mlaćenicu, jaja, šećer, sol, prašak za pecivo i ekstrakt ube dok se ne sjedine.
d) Umiješajte brašno i miješajte dok ne postane glatko. Žlicom stavljajte tijesto u krafnu do otprilike 3/4 pune.
e) Pecite krafne 15 minuta.
f) Izvadite iz pećnice, ostavite da se ohlade 5 minuta, zatim izvadite krafne iz kalupa.
g) dok se hlade napravite glazuru miješajući šećer u prahu, mlijeko i ekstrakt ubea.
h) kad se ohlade, umočite svaku krafnu do pola u glazuru i stavite na rešetku da se osuši. Po želji pospite ljuspicama kokosa.

30. Ube Banana Crunch

SASTOJCI:
- 9 komada zrele saba banane
- 1 šalica višenamjenskog brašna
- ½ šalice kukuruznog škroba
- ½ šalice šećera
- 1 žlica arome ube
- 1 jaje
- ½ šalice vode za piće
- 2 šalice krušnih mrvica
- ulje za kuhanje

PRELJEV
- kondenzirano mlijeko

UPUTE:
a) Bananu ogulite i prerežite na četiri dijela.
b) Stavite četiri kriške banane na svaki ražnjić. Staviti na stranu
c) U posudi za miješanje pomiješajte jaje, šećer, brašno, kukuruzni škrob, vodu i aromu ube.
d) Miješajte dok se dobro ne sjedini.
e) Bananu premažite tijestom. Ostavite tijesto da kapa.
f) Izvaljajte s krušnim mrvicama.
g) Nastavite premazivati sve banane tijestom.
h) Zagrijte ulje u tavi. Pržite na srednjoj vatri.
i) Okrenite bananu po potrebi ili dok ne porumeni.
j) Ocijedite na papirnatom ručniku da uklonite višak ulja.
k) Prelijte kondenziranim mlijekom.

31. Pecite d ube s orahima

SASTOJCI:
- 1 šalica vode
- 1 ube
- 1 žlica čistog javorovog sirupa
- 1 žlica maslaca od badema
- 1 žlica nasjeckanih pekan oraha
- 2 žlice borovnica, po želji
- 1 žličica chia sjemenki
- 1 žličica curry paste

UPUTE:
a) U svoj instant lonac dodajte jednu šalicu vode i rešetku kuhala na pari.
b) Zatvorite poklopac i stavite ube na stalak, pazeći da je otpuštajući ventil u ispravnom položaju.
c) Zagrijte instant lonac na visokom tlaku 15 minuta ručno.
d) Nakon što se tajmer isključi, pustite da tlak prirodno padne 10 minuta.
e) Za ispuštanje preostalog tlaka, okrenite otpusni ventil.
f) Nakon što plovni ventil padne, uklonite ube otvaranjem poklopca.
g) Kad se ube ohladi dovoljno za rukovanje, prerežite ga na pola i izgnječite meso vilicom.
h) Povrh stavite pekan orahe, borovnice i chia sjemenke, a zatim pokapajte javorovim sirupom i maslacem od badema.

PRELJEVI I NADJEVI

32.Tostirana skuta od kokosa (latik)

SASTOJCI:
- 2 šalice kokosovog vrhnja ili kokosovog mlijeka
- Prstohvat soli (po želji)

UPUTE:
a) U loncu zagrijte vrhnje od kokosa na srednje jakoj vatri.
b) Povremeno promiješajte i pirjajte dok se kokosovo mlijeko ne razdvoji na skutu i ulje. Ovaj proces može trajati oko 20-30 minuta.
c) Po želji dodajte malo soli i nastavite kuhati dok skuta ne porumeni.
d) Nakon što su skute prepečene po želji, maknite ih s vatre i ostavite da se ohlade.
e) Procijedite skutu da se odvoji od ulja.
f) Koristite prženu skutu od kokosa (Latik) kao preljev za razne deserte poput rižinih kolača, pudinga ili sladoleda.

33. Malina & Chamoy Pichi-Pichi

SASTOJCI:
- 2 šalice naribane kasave (svježe ili smrznute, odmrznute)
- 1 šalica šećera
- 1 šalica vode
- 1 šalica kokosovog mlijeka
- Sirup od maline
- Chamoy umak

UPUTE:
a) U zdjeli pomiješajte naribanu kasavu, šećer, vodu i kokosovo mlijeko. Dobro promiješajte dok se šećer ne otopi i sastojci potpuno sjedine.
b) Smjesu izliti u podmazan pleh ili kalup.
c) Kuhajte smjesu na pari oko 30-40 minuta ili dok se ne stegne i stegne.
d) Nakon što je kuhan, ostavite pichi-pichi da se ohladi prije rezanja na dijelove za posluživanje.
e) Pokapajte sirup od malina i umak od chamoy na pichi-pichi prije posluživanja za dodatni okus.

34. Horchata Bibingka

SASTOJCI:
- 2 šalice ljepljivog rižinog brašna
- 1 šalica kokosovog mlijeka
- 1 šalica horchata (rižino mlijeko)
- 1 šalica šećera
- 1/4 šalice otopljenog maslaca
- 1 žličica praška za pecivo
- 1/2 žličice ekstrakta vanilije
- Listovi banane (za oblaganje posude za pečenje)

UPUTE:
a) Zagrijte pećnicu na 350°F (175°C). Namastite posudu za pečenje i obložite je listovima banane.
b) U zdjeli pomiješajte brašno od ljepljive riže, kokosovo mlijeko, horchatu, šećer, otopljeni maslac, prašak za pecivo i ekstrakt vanilije. Miksajte dok ne postane glatko.
c) Ulijte smjesu u pripremljenu posudu za pečenje.
d) Pecite 30-40 minuta ili dok se bibingka ne stegne i ne porumeni na vrhu.
e) Poslužite toplo i uživajte u jedinstvenoj fuziji okusa!

35. Kolačići i krema Suman Moron

SASTOJCI:
- 2 šalice ljepljivog rižinog brašna
- 1 šalica kokosovog mlijeka
- 1/2 šalice kakaa u prahu
- 1/2 šalice šećera
- Mljeveni čokoladni kolačići (kao Oreo), za punjenje i preljev

UPUTE:
a) U zdjeli pomiješajte brašno od ljepljive riže, kokosovo mlijeko, kakao prah i šećer dok se dobro ne sjedine.
b) Listove banane pripremite tako da ih narežete na pravokutne komade i lagano premažete uljem da se ne zalijepe.
c) Stavite žlicu smjese na sredinu svakog lista banane.
d) Na vrh smjese dodajte sloj izlomljenih čokoladnih kolačića.
e) Zarolajte list banane da dobijete cilindrični oblik, zatvorite rubove.
f) Kuhajte suman moron na pari oko 30-40 minuta ili dok se ne skuha.
g) Kad su kuhani, skinite suman moron s kuhala na pari i ostavite ih da se ohlade.
h) Odmotajte suman moron od listova banane i uvaljajte ih u izlomljene čokoladne kekse za premazivanje.
i) Poslužite i uživajte u kolačićima i kremi suman moron!

36.Speculoos Biko

SASTOJCI:
- 2 šalice ljepljive riže
- 1 limenka (14 unci) kondenziranog mlijeka
- 1 šalica kokosovog mlijeka
- 1/2 šalice speculoos namaza (maslac za kolačiće)
- 1/2 šalice smeđeg šećera
- Mljeveni speculoos kolačići, za preljev

UPUTE:
a) Skuhajte ljepljivu rižu prema uputama na pakiranju.
b) U posebnom loncu pomiješajte kondenzirano mlijeko, kokosovo mlijeko, špekuloos namaz i smeđi šećer. Kuhajte na srednjoj vatri uz stalno miješanje dok se dobro ne sjedini i malo zgusne.
c) Dodajte kuhanu ljepljivu rižu u mliječnu smjesu i miješajte dok se potpuno ne prekrije.
d) Smjesu prebacite u namašćenu posudu za pečenje i špatulom poravnajte površinu.
e) Pecite u prethodno zagrijanoj pećnici na 350°F (175°C) 20-25 minuta ili dok vrh ne porumeni.
f) Izvadite iz pećnice i ostavite da se malo ohladi.
g) Po vrhu pospite zdrobljene speculoos kekse prije posluživanja.
h) Narežite na kvadrate i poslužite kao ukusan desert ili međuobrok.

37. Mramorirani tahini palitaw

SASTOJCI:
- 2 šalice ljepljivog rižinog brašna
- 1 šalica vode
- 1/4 šalice sjemenki sezama
- 1/4 šalice tahinija
- 1/4 šalice šećera
- Rendani kokos (za premazivanje)

UPUTE:
a) U zdjeli pomiješajte brašno od ljepljive riže i vodu dok ne dobijete glatko tijesto.
b) Podijelite tijesto na dva jednaka dijela.
c) U jedan dio pomiješajte sjemenke sezama i tahini dok se dobro ne sjedine.
d) Svaki dio razvaljajte u male loptice i malo ih spljoštite u obliku diskova.
e) Zakuhajte lonac s vodom, a zatim diskove tijesta ubacite u kipuću vodu.
f) Kuhajte dok diskovi ne isplivaju na površinu, zatim ih izvadite šupljikavom žlicom i ocijedite od viška vode.
g) Skuhane kolutove uvaljati u šećer i naribani kokos za premazivanje.
h) Poslužite mramorirani tahini palitaw kao divan međuobrok ili desert.

38. Espasol Bites

SASTOJCI:
- 2 šalice ljepljivog rižinog brašna
- 1 limenka (14 unci) kokosovog mlijeka
- 1 šalica šećera
- Tostirane kokosove ljuskice (za premazivanje)

UPUTE:
a) U tavi tostirajte ljepljivo rižino brašno na srednje jakoj vatri dok ne postane lagano zlatno smeđe i mirisno.
b) U posebnom loncu pomiješajte kokosovo mlijeko i šećer. Kuhajte na srednjoj vatri dok se šećer ne otopi.
c) Postupno dodajte brašno pržene ljepljive riže u smjesu kokosovog mlijeka, neprestano miješajući dok se ne dobije gusto tijesto.
d) Tijesto maknite s vatre i ostavite da se malo ohladi.
e) Razvaljajte tijesto u male kuglice veličine zalogaja, a zatim ih uvaljajte u pržene kokosove pahuljice za premazivanje.
f) Poslužite espasol zalogaje kao ukusan međuobrok ili desert.

39.Mini Salabundt kolači

SASTOJCI:
- 2 šalice višenamjenskog brašna
- 1 šalica šećera
- 1/2 šalice maslaca, omekšalog
- 1/2 šalice mlijeka
- 2 jaja
- 1 žličica praška za pecivo
- 1/2 žličice sode bikarbone
- 1/4 žličice soli
- 2 žlice naribanog đumbira (ili đumbira u prahu)
- 1/4 šalice meda (po želji, za glazuru)

UPUTE:
a) Zagrijte pećnicu na 350°F (175°C). Namastite kalupe za mini bundt torte.
b) U zdjeli miksajte maslac i šećer dok ne postane svijetlo i pjenasto.
c) Tucite jaja, jedno po jedno, dok se dobro ne sjedine.
d) U zasebnoj zdjeli prosijte zajedno brašno, prašak za pecivo, sodu bikarbonu i sol.
e) Postupno dodajte suhe sastojke mokrim sastojcima, naizmjenično s mlijekom, i miješajte dok se ne sjedine.
f) Umiješajte naribani đumbir dok se ravnomjerno ne rasporedi po tijestu.
g) Žlicom stavljajte tijesto u pripremljene kalupe za torte, puneći svaki otprilike do 3/4.
h) Pecite 20-25 minuta ili dok čačkalica zabodena u sredinu ne izađe čista.
i) Pustite kolače da se ohlade u kalupima nekoliko minuta prije nego ih prebacite na rešetku da se potpuno ohlade.
j) Po želji: ohlađene kolače prelijte medom za dodatnu slatkoću i okus.

40. Confetti Pianono

SASTOJCI:
- 6 jaja, odvojenih
- 3/4 šalice šećera
- 1 šalica brašna za kolače
- 1 žličica praška za pecivo
- 1/4 šalice duginih konfeta za posip
- Šećer u prahu (za posipanje)

UPUTE:
a) Zagrijte pećnicu na 350°F (175°C). Namastite i obložite pleh papirom za pečenje.
b) U velikoj zdjeli za miješanje tucite bjelanjke dok se ne stvore čvrsti snijeg. Postupno dodajte šećer i nastavite miksati dok smjesa ne postane sjajna.
c) U posebnoj zdjeli tucite žumanjke dok ne postanu kremasti.
d) Prosijte brašno za kolače i prašak za pecivo preko umućenih žumanjaka i lagano miješajte dok se ne sjedine.
e) Pažljivo umiješajte tučene bjelanjke dok ne ostanu tragovi.
f) Presavijte konfete duginih boja dok se ravnomjerno ne rasporede po tijestu.
g) Izlijte tijesto na pripremljeni lim za pečenje i ravnomjerno ga rasporedite lopaticom.
h) Pecite 10-12 minuta ili dok kolač ne postane lagano zlatan i ne poskoči na lagani dodir.
i) Izvadite kolač iz pećnice i ostavite da se malo ohladi.
j) Gornji dio kolača pospite šećerom u prahu, pa ga još toplog pažljivo zarolajte s papirom za pečenje.
k) Neka se kolač potpuno ohladi prije rezanja i posluživanja.

41.Guava kolačići od ananasa okrenuti naopako

SASTOJCI:
- 1 konzerva (20 unci) kriški ananasa, ocijeđenih
- 1/2 šalice smeđeg šećera
- 1/4 šalice neslanog maslaca
- Maraschino višnje (po želji)
- 1 1/2 šalice višenamjenskog brašna
- 1 žličica praška za pecivo
- 1/4 žličice soli
- 1/2 šalice neslanog maslaca, omekšalog
- 3/4 šalice granuliranog šećera
- 2 velika jaja
- 1 žličica ekstrakta vanilije
- 1/2 šalice soka od guave

UPUTE:
a) Zagrijte pećnicu na 350°F (175°C). Namastite kalup za muffine ili obložite kalupima za kolače.
b) U loncu otopite 1/4 šalice maslaca na srednjoj vatri. Dodajte smeđi šećer i miješajte dok se ne otopi i postane pjenušav.
c) Podijelite smjesu smeđeg šećera u posude za muffine, stavljajući krišku ananasa na dno svake posude. Po želji stavite višnju maraskino u sredinu svake kriške ananasa.
d) U zdjeli pomiješajte brašno, prašak za pecivo i sol.
e) U drugoj zdjeli tucite 1/2 šalice omekšalog maslaca i granulirani šećer dok ne postane svijetlo i pjenasto.
f) Dodajte jedno po jedno jaje, dobro umutite nakon svakog dodavanja. Umiješajte ekstrakt vanilije.
g) Postupno dodajte suhe sastojke mokrim sastojcima, naizmjenično sa sokom od guave, i miješajte dok se ne sjedine.
h) Ravnomjerno podijelite tijesto u kalupe za muffine, pokrivajući kriške ananasa.
i) Pecite 18-20 minuta ili dok čačkalica zabodena u sredinu ne izađe čista.
j) Ostavite kolačiće da se ohlade u kalupu za muffine nekoliko minuta prije nego što ih preokrenete na tanjur za posluživanje.
k) Poslužite preokrenute kolačiće s guavom od ananasa tople ili na sobnoj temperaturi i uživajte u slasnim tropskim okusima!

42. Ube Macapuno Molten Lava kolači

SASTOJCI:
- 1/2 šalice neslanog maslaca
- 4 unce bijele čokolade, nasjeckane
- 2 velika jaja
- 2 velika žumanjka
- 1/4 šalice granuliranog šećera
- 1/4 žličice soli
- 1/4 šalice višenamjenskog brašna
- 1/2 šalice ube halaya (pripremljenog prema gore navedenom receptu)
- 1/2 šalice macapuno žica ili trakica

UPUTE:
a) Zagrijte pećnicu na 425°F (220°C). Namastite četiri rampeka i stavite ih na lim za pečenje.
b) U zdjeli prikladnoj za mikrovalnu pećnicu otopite zajedno maslac i bijelu čokoladu u kratkim naletima, miješajući između svakog naleta, dok smjesa ne postane glatka. Neka se malo ohladi.
c) U posebnoj zdjeli tucite jaja, žumanjke, šećer i sol dok ne postanu blijeda i gusta.
d) Umiješajte otopljeni maslac i smjesu bijele čokolade dok se dobro ne sjedine.
e) Umiješajte brašno dok se ne sjedini.
f) Polovicu tijesta ravnomjerno podijelite na pripremljene ramekine.
g) Stavite žlicu ube halaya i macapuno žica u sredinu svake ramekine, a zatim prelijte preostalim tijestom.
h) Pecite 12-14 minuta ili dok se rubovi ne postave, ali sredina još uvijek bude mekana.
i) Izvadite iz pećnice i ostavite ih minutu da se ohlade.
j) Pažljivo prijeđite nožem oko ruba svake torte kako biste je olabavili, a zatim preokrenite na tanjure za posluživanje.
k) Poslužite ube macapuno rastopljene lava kolače odmah i uživajte u slasnom nadjevu koji curi!

43. Mamon punjen sljezom

SASTOJCI:
- 1/2 šalice brašna za kolače
- 1/2 šalice višenamjenskog brašna
- 1 žličica praška za pecivo
- 1/4 žličice soli
- 1/2 šalice neslanog maslaca, omekšalog
- 1/2 šalice granuliranog šećera
- 4 velika žumanjka
- 1/4 šalice mlijeka
- 1 žličica ekstrakta vanilije
- Marshmallows, izrezati na male komadiće

UPUTE:
a) Zagrijte pećnicu na 350°F (175°C). Namastite i pobrašnite kalupe za muffine ili obložite kalupima za kolače.
b) U zdjelu prosijte brašno za kolače, višenamjensko brašno, prašak za pecivo i sol.
c) U drugoj posudi miksajte maslac i šećer dok ne postane svijetlo i pjenasto.
d) Dodati jedan po jedan žumanjak, dobro umutiti nakon svakog dodavanja. Umiješajte ekstrakt vanilije.
e) Postupno dodajte suhe sastojke u smjesu maslaca, naizmjenično s mlijekom, i miješajte dok ne postane glatko.
f) Svaki kalup za muffine napunite do pola tijestom.
g) Stavite komad marshmallowa u sredinu svake čaše za muffine, a zatim pokrijte s još tijesta dok čaše ne budu pune otprilike 3/4.
h) Pecite 15-18 minuta ili dok ne porumeni i dok čačkalica zabodena u sredinu ne izađe čista.
i) Pustite mamon punjen sljezom da se ohladi u kalupu za muffine nekoliko minuta prije nego što ih prebacite na rešetku da se potpuno ohlade.
j) Mamon punjen marshmallowom poslužite kao divan međuobrok ili desert i uživajte u središtu marshmallowa iznenađenja uz svaki zalogaj!

44. Yema Buckeyes

SASTOJCI:
- 1 šalica kremastog maslaca od kikirikija
- 1/2 šalice šećera u prahu
- 1/4 šalice neslanog maslaca, omekšalog
- 1 žličica ekstrakta vanilije
- Prstohvat soli
- 1 šalica poluslatkih komadića čokolade
- 1 žlica biljnog masti

UPUTE:
a) U zdjeli pomiješajte maslac od kikirikija, šećer u prahu, omekšali maslac, ekstrakt vanilije i sol dok se dobro ne sjedine.
b) Od smjese maslaca od kikirikija oblikujte male kuglice i stavite ih na pleh obložen papirom za pečenje.
c) Kuglice maslaca od kikirikija ohladite u hladnjaku oko 30 minuta da se stegne.
d) U zdjeli prikladnoj za mikrovalnu pećnicu otopite komadiće čokolade i mast od povrća u kratkim naletima, miješajući između svakog nastavka, dok smjesa ne postane glatka.
e) Pomoću čačkalice ili vilice umočite svaku ohlađenu kuglicu maslaca od kikirikija u otopljenu čokoladu, ostavljajući mali dio nepokriven da podsjeća na buckeye.
f) Stavite umočene kuglice natrag na lim obložen papirom za pečenje.
g) Nakon što su sve kuglice umočene, vratite lim za pečenje u hladnjak da se čokolada stegne.
h) Nakon što se čokolada stegne, izvadite buckeye iz hladnjaka i uživajte kao slasna poslastica!

DESERI OD MANGA

45.Kolač od sira s mangom i čilijem

SASTOJCI:
- 1 1/2 šalice mrvica graham krekera
- 1/4 šalice granuliranog šećera
- 1/2 šalice neslanog maslaca, otopljenog
- 16 unci krem sira, omekšalog
- 1/2 šalice šećera u prahu
- 1 žličica ekstrakta vanilije
- 1 šalica gustog vrhnja
- 1 šalica pirea od manga
- 1-2 žličice čilija u prahu (po želji)
- Kriške manga i čili pahuljice za ukras (po želji)

UPUTE:
a) Zagrijte pećnicu na 350°F (175°C). Namastite kalup od 9 inča.
b) U zdjeli pomiješajte mrvice graham krekera, granulirani šećer i otopljeni maslac dok se dobro ne sjedine. Utisnite smjesu na dno pripremljene posude s oprugama.
c) Koru pecite 10 minuta pa izvadite iz rerne i ostavite da se potpuno ohladi.
d) U velikoj zdjeli za miješanje tucite krem sir dok ne postane glatko i kremasto.
e) Dodajte šećer u prahu i ekstrakt vanilije i miksajte dok se dobro ne sjedini.
f) U posebnoj zdjeli umutite vrhnje dok se ne formiraju čvrsti vrhovi.
g) Nježno umiješajte šlag u smjesu od krem sira dok ne bude glatka.
h) Smjesu podijelite na pola. U jednu polovicu umiješajte pire od manga, a u drugu polovicu čilija u prahu.
i) Preko ohlađene kore prelijte smjesu od manga, ravnomjerno je rasporedite.
j) Pažljivo prelijte smjesu čilija preko sloja manga, ravnomjerno ga rasporedite.
k) Stavite kolač od sira u hladnjak na najmanje 4 sata ili dok se ne stegne.
l) Nakon što se stegne, ukrasite kriškama manga i pahuljicama čilija po želji prije posluživanja.

46. Svježi mango, med i kokos

SASTOJCI:
- 2 zrela manga, oguljena i narezana na trakice
- 4 žlice bistrog meda
- 20 g sušenog kokosa, lagano tostiranog dok ne porumeni (ili 4 žličice kokosovih pahuljica)
- ¼ žličice mljevenog cimeta

UPUTE:
a) Stavite mango na tanjur za posluživanje i pospite ga medom, a zatim pospite preko kokosa i cimeta.
b) Poslužite sa sladoledom od vanilije ili ljepljivom rižom.

47. Filipinski desert od ljepljive riže s mangom

SASTOJCI:
- Ljepljiva riža: 1 i ½ šalice
- Šalice nezaslađenog kokosovog mlijeka: 1 ⅓ šalice
- Šećer u prahu: ½ šalice
- Sol: ¼ žličice
- Sjemenke sezama: 1 žlica (lagano prepečene)
- Veliki mango: 1 (na kockice oguljen i bez koštica)

UPUTE:
a) U hladnoj vodi namočite rižu 30 minuta.
b) U velikom loncu pomiješajte rižu i 2 šalice vode. Stavite kuhati poklopljeno.
c) Smanjite vatru i kuhajte 15-20 minuta dok voda ne počne ključati.
d) U drugi lonac dodajte 1 šalicu kokosovog mlijeka i ¼ šalice šećera. Kuhajte dok se šećer ne otopi.
e) Dodajte smjesu polako preko kuhane riže i ostavite da odstoji 30 minuta. Pripremite umak
f) Kuhajte preostali šećer i kokosovo mlijeko u malom loncu na laganoj vatri oko 10-15 minuta.
g) Poslužite ljepljivu rižu s mangom narezanim na kriške ili kockice, preliven umakom od kokosa i sjemenkama sezama posutim po vrhu.

48.Sladoledna pita od manga i čilija

SASTOJCI:
- 1 već napravljena kora za pitu (ili domaća)
- 2 šalice sladoleda od manga
- 2 šalice sladoleda od čilija
- Kriške manga i čili pahuljice za ukras (po želji)

UPUTE:
a) Zagrijte pećnicu na 375°F (190°C).
b) Pecite koru za pitu prema uputama na pakiranju ili dok ne porumeni. Neka se potpuno ohladi.
c) Nakon što se kora za pitu ohladi, ravnomjerno rasporedite sladoled od manga po dnu.
d) Ravnomjerno rasporedite sladoled od čilija preko sloja sladoleda od manga.
e) Pokrijte pitu plastičnom folijom i zamrznite najmanje 4 sata ili dok se ne stegne.
f) Nakon što se zamrzne, po želji ukrasite kriškama manga i pahuljicama čilija prije posluživanja.

49.Puding od tapioke i kokosa s mangom o

SASTOJCI:
- Kokosovo mlijeko: 2 limenke
- Granule tapioke: ¼ šalice
- Nezaslađeni kokos: ½ šalice (nasjeckanog)
- Med: 2 žlice
- Svježi mango: 1 (oguljen i nasjeckan)
- Korica limete: 1

UPUTE:
a) U loncu zagrijte kokosovo mlijeko na srednje jakoj vatri dok ne zakuha.
b) Dodajte tapioku i nasjeckani kokos, kuhajte 15 minuta uz često miješanje.
c) Pomiješajte med i stavite smjesu u hladnjak da se stegne.
d) Na puding od tapioke u zdjelicama stavite komadiće manga, malo meda i koricu limete. Zabavi se!

50.Zvjezdano voće u umaku od manga i naranče

SASTOJCI:
- Zvjezdasto voće: 1 zrelo (svježe, orezano, uklonjene sjemenke i narezane)
- Sok od naranče: 1 šalica
- Mango: 1 zreli, svježi
- Smeđi šećer: ¼ šalice
- Kokosovo mlijeko: 1 šalica
- Zrnca nara/trešnje: šaka, svježe

UPUTE:
a) Stavite kriške zvjezdastog voća u lonac na plamenik.
b) U smjesu dodajte sok od naranče. Pojačajte vatru i neprestano miješajte dok sok ne počne kuhati.
c) Smanjite vatru i pustite da sok kuha 10 minuta.
d) U blenderu izradite pire od manga. Miješajte dok smjesa ne postane glatka i pire.
e) Kada je zvjezdasto voće skoro d1, dodajte šećer/sladilo i miješajte da se otopi.
f) Maknite lonac s vatre.
g) Umiješajte pire od manga dok se potpuno ne sjedini. Šećer prilagodite svojim željama.
h) Stavite kriške voća s 3 zvjezdice po jelu s dovoljno umaka da potpuno prekrije voće.
i) Po vrhu pokapajte malo kokosovog mlijeka.

51. Sladoledna torta od manga i čilija

SASTOJCI:
- 1 prethodno pripremljeni biskvit ili biskvit
- 2 šalice sladoleda od manga
- 2 šalice sladoleda od čilija
- Kriške manga i čili pahuljice za ukras (po želji)

UPUTE:
a) Okrugli kalup za tortu od 9 inča obložite plastičnom folijom, ostavljajući malo prepusta sa strane.
b) Prerežite biskvit vodoravno na dva sloja.
c) Stavite jedan sloj biskvita na dno pripremljenog kalupa za tortu.
d) Ravnomjerno rasporedite sladoled od manga preko sloja biskvita.
e) Stavite drugi sloj biskvita na vrh sladoleda od manga.
f) Ravnomjerno rasporedite sladoled od čilija preko drugog sloja biskvita.
g) Pokrijte kalup za tortu plastičnom folijom i zamrznite najmanje 4 sata ili dok se ne stegne.
h) Nakon što se zamrzne, izvadite kolač iz kalupa podizanjem plastične folije.
i) Prije posluživanja po želji ukrasite kriškama manga i čilijem.

52.Mango Float

SASTOJCI:
- 4 zrela manga, oguljena i narezana
- 1 limenka (14 oz) zaslađenog kondenziranog mlijeka
- 1 paket (200g) graham krekera
- 1 pakiranje (250 ml) višenamjenskog vrhnja ili vrhnja za šlag

UPUTE:
a) U zdjeli pomiješajte zaslađeno kondenzirano mlijeko i višenamjensko vrhnje ili šlag. Miješajte dok se dobro ne sjedini.
b) U pravokutnu posudu za pečenje na dno rasporedite red graham krekera.
c) Nanesite sloj mliječno-vrhnje smjese preko graham krekera.
d) Dodajte sloj narezanog manga na vrh smjese mlijeka i vrhnja.
e) Ponavljajte slojeve dok ne potrošite sve sastojke, završavajući slojem mliječno-vrhnje smjese na vrhu.
f) Ohladite mango float u hladnjaku preko noći ili najmanje 4 sata da se stegne.
g) Poslužite ohlađeno i uživajte u kremastom i voćnom desertu.

DESERI OD BANANA

53. Filipinski kolač od banana kuhan na pari

SASTOJCI:
- Kokos u lističima: 1 pakiranje
- Sol: ¼ žličice
- Rižino brašno: ½ šalice
- Brašno od tapioke: ¾ šalice
- Arrowroot škrob: ½ žlice
- Nezaslađeno vrhnje od kokosa: 1 šalica
- Bijeli šećer: ½ šalice
- Zrele banane: 1 funta (pire)
- Kokosovo mlijeko: ½ šalice

UPUTE:
a) U šalici pomiješajte kokos i ¼ žličice soli; Staviti na stranu.
b) U veliku zdjelu za miješanje prosijte zajedno rižino brašno, škrob arrowroota i brašno od tapioke.
c) Umiješajte kokosovo vrhnje i miješajte najmanje 10 minuta.
d) Zatim dodajte šećer i miješajte dok se ne otopi.
e) Dobro umiješajte zgnječenu bananu.
f) Temeljito umiješajte kokosovo mlijeko i ⅛ žličice soli.
g) Tijestom napunite kalup za pečenje (četvrtasti) ili čaše od aluminijske folije. Ukrasite kokosom koji ste ostavili sa strane.
h) Zakuhajte oko 1-½ inča vode u kuhalu na pari s velikom košarom; kolač kuhajte na pari 20 do 25 minuta nad kipućom vodom dok se ne skuha.

54.Kuglice od banane

SASTOJCI:
- 1 kg zrelih banana, oguljenih
- 4 žlice bijelog šećera
- 140 g glatkog brašna
- 70 g samodizajućeg brašna
- ½ žličice fine morske soli
- 700 ml biljnog ulja

UPUTE:
a) Zgnječite banane u zdjeli dok ne budu glatke i pire, zatim dodajte šećer, oba brašna i sol zajedno s 2 žlice vode. Dobro promiješajte.
b) Zagrijte ulje u dubokoj posudi na srednje jakoj vatri. Da provjerite je li dovoljno vruće, ubacite pola žličice smjese i ako vidite da ulje mjehuri, gotova je. Ako imate termometar, trebao bi biti između 180 i 200°C.
c) Lagano ubacite male komadiće smjese u vruće ulje. Svaka bi se trebala proširiti do veličine loptice za golf.
d) Pržite kuglice u dubokom ulju 3-4 minute, dok se boja ne promijeni u bogatu tamnosmeđu. Vaditi šupljikavom žlicom i stavljati na kuhinjski papir da se ocijedi višak ulja.
e) Poslužite sa sladoledom od vanilije, ako želite.

55. Filipinski desert od banane i ličija u kokosovom mlijeku

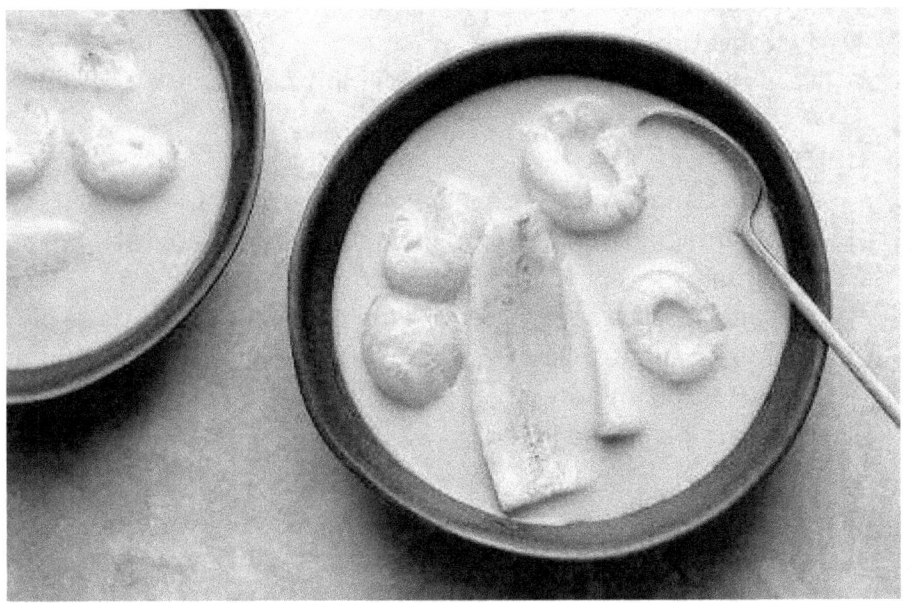

SASTOJCI:
- Zrele banane: 2 male
- Kokosovo mlijeko: 1 konzerva (obično ili lagano)
- Smeđi šećer: ¼-⅓ šalice
- Prstohvat soli: 1 prstohvat
- Liči: osam-deset (svježi ili konzervirani)

UPUTE:
a) Ogulite banane i narežite ih na ploške od 2 inča.
b) U loncu zagrijte kokosovo mlijeko na srednje jakoj vatri.
c) Umiješajte šećer i sol dok se potpuno ne otope.
d) Dodajte ¼ šalice šećera. Stavite malo više ako volite slađe.
e) Dodajte banane i liči. Miješajte dok se banane i liči potpuno ne ugriju (1 do 2 minute).
f) Poslužite ohlađeno ili toplo.

56. Filipinske banane u kokosovom mlijeku

SASTOJCI:
- Banane: 2 (oguljene, debele okrugle kriške)
- Kokosovo mlijeko: 180 ml
- 1½ žlica bijelog sezama
- Bijeli šećer: 90g
- Voda: 120 ml
- Sol: ½ žličice

UPUTE:
a) Miješajte šećer i vodu u loncu na srednjoj vatri dok se šećer ne otopi.
b) Kuhajte 10 minuta nakon dodavanja narezanih banana.
c) Izvadite banane iz lonca.
d) U istu tavu dodajte kokosovo mlijeko, sjemenke sezama i ½ žličice soli.
e) Zakuhajte, a zatim ugasite vatru.
f) Preko banana pokapajte umak od kokosovog mlijeka i pospite bijelim sjemenkama sezama. Poslužite odmah.

57.Slatki krumpir i banana u kokosovom mlijeku

SASTOJCI:
- 200 g batata, oguljenog i narezanog na kockice od 2 cm
- 800 ml kokosovog mlijeka
- 100 g bijelog šećera
- ½ žličice soli
- 6 banana, oguljenih i dijagonalno narezanih na kriške od 2 cm

UPUTE:
a) U loncu kuhajte krumpir u 500 ml vode 8 minuta, zatim ga ocijedite i ostavite sa strane. Tepsiju isperite i osušite kuhinjskim papirom.
b) Dodajte kokosovo mlijeko, šećer i sol u tavu i pustite da zavrije na srednje jakoj vatri. Smanjite vatru, dodajte krumpir i kriške banane i kuhajte 2-3 minute.
c) Ugasite vatru i poslužite.

58. Proljetne rolice od banane

SASTOJCI:
- 2 velike banane:
- Omot proljetne rolice
- 1 šalica smeđeg šećera
- Ulje za duboko prženje

UPUTE:
a) Zagrijte ulje u dubokoj fritezi.
b) Banane treba oguliti i prepoloviti po dužini.
c) Stavite 1 krišku banane dijagonalno oko kuta omota proljetne rolice i pospite smeđim šećerom po ukusu.
d) Nastavite motati od kuta prema sredini, savijajući gornji i donji kut dok idete. Četkajte zadnji rub prstom umočenim u vodu kako biste ga zatvorili. Ponovite s ostatkom kriški banane.
e) Na vrućem ulju pržite nekoliko kolutića banane odjednom dok ravnomjerno ne porumene. Poslužite toplo ili ohlađeno.

DESERTI OD RIŽE

59. Kolač od riže i kokosa na pari

SASTOJCI:
- 8 komada listova banane (ili aluminijske folije), 10 × 30 cm
- ½ žličice fine morske soli
- 200 g rižinog brašna
- 100 g sušenog kokosa
- 50 g melasa šećera

UPUTE:
a) Očistite listove banane, ako ih koristite, zatim ih omekšajte tako da ih stavite na laganu vatru ili iznad pare iz kuhala za vodu nekoliko sekundi.
b) Stavite sol u veliku zdjelu sa 150 ml mlake vode i dobro promiješajte. Dodavati malo po malo rižinog brašna, da se dobije tijesto. Protisnite tijesto kroz rupe u situ sa srednjim rupama da dobijete teksturu poput krušnih mrvica. Dodajte osušeni kokos u smjesu i dobro promiješajte.
c) Postavite kuhalo za kuhanje na pari ili stavite rešetku u wok ili duboku tavu s poklopcem. Zalijte 5 cm vode i zakuhajte na jakoj vatri.
d) Za izradu kalupa od listova banane razvaljajte list (ili aluminijsku foliju) u oblik cilindra promjera oko 4 cm. Zavežite konac oko kalupa kako biste ga učvrstili. Napunite kalup do pola smjesom od kokosa, zatim u sredini napravite rupu i dodajte 1 žličicu šećera. Sada puniti drugu polovicu kalupa, lagano utiskujući smjesu, ne prejako, inače će biti previše kompaktna. Smjesa će upiti vlagu iz pare.
e) Ponovite s ostatkom listova banane i preostalom smjesom. Kiflice stavite u kuhalo za paru i kuhajte na pari 10 minuta.
f) Izvadite kalupe za listove banane i odmah poslužite.

60. Puding od riže sa šećernim sirupom od tamnog kokosa

SASTOJCI:
- 100 g riže za puding kratkog zrna
- 50 g tamnog kokosovog šećera
- 100 g melasa šećera
- 1 list pandana, vezan u čvor (po želji)
- 600 ml kokosovog mlijeka
- ½ žličice fine morske soli

UPUTE:
a) Stavite rižu u veliki lonac i prelijte vodom. Pustite da zavrije, smanjite vatru i kuhajte oko 20 minuta, ili dok sva voda ne upije.
b) Ulijte kokosovo mlijeko u lonac i kuhajte još 15 minuta dok se svo mlijeko ne upije. Skinite s vatre.
c) U malu šerpu stavite tamni kokos i šećer od melase i pandan čvor i dodajte 150 ml vode. Pustite da zavrije na srednje jakoj vatri pa smanjite vatru i kuhajte 5 minuta da se količina smanji na pola.
d) Za posluživanje, zagrabite puding od riže u male zdjelice i prelijte šećernim sirupom.

61. Filipinske šalice za desertnu rižu

SASTOJCI:
- Kokosovo mlijeko: 1 ⅔ šalice
- Voda: 1 ⅓ šalice
- Riža kratkog zrna: 1 i ½ šalice
- Šećer: 3 žlice
- Sol: 2 žlice
- Filipinski mango: 2 (zreli)
- Bijela nektarina: 3

UPUTE:
a) Uklonite debeli sloj kokosovog mlijeka iz kalupa, ostavite ½.
b) Zakuhajte tekuće kokosovo mlijeko s vodom.
c) Umiješajte rižu kratkog zrna, sol i šećer.
d) Kuhajte poklopljeno 25 minuta na laganoj vatri ili dok riža ne omekša.
e) Sada dodajte kokosovo vrhnje u rižu.
f) 5 polovica nektarina skinite s1s, operite ih i prepolovite. Preostalu polovicu narezati na tanke kriške.
g) Izrežite 8 tankih kriški od 1 manga. Preostali mango ogulite i narežite na kockice.
h) Podijelite ljepljivu rižu u 4 velike čaše, na vrh stavite voće narezano na kockice i poslužite s kriškama voća sa strane.

62.Slatka palačinka s rižom i kokosom

SASTOJCI:
- 150 g rižinog brašna
- 50 g glatkog brašna
- 1 žličica suhog kvasca
- 6 žlica bijelog šećera
- 200 ml kokosovog mlijeka
- 2 žlice biljnog ulja ili maslaca, za podmazivanje

UPUTE:
a) U zdjelu stavite rižino i glatko brašno, kvasac, šećer i kokosovo mlijeko te dodajte 200 ml vode. Miješajte dok se smjesa dobro ne sjedini, zatim je procijedite u drugu zdjelu, prekrijte prozirnom folijom i ostavite 1 sat.
b) Tavu od 20-25 cm jako zagrijte i premažite je s malo ulja ili maslaca. Zagrabite 1 punu kutlaču tijesta i jednim potezom ulijte u vruću tavu. Čim tijesto udari u posudu, nagnite posudu tako da se raširi i stvori tanki sloj oko ruba.
c) Trebalo bi proći samo oko 1 minute da tanko tijesto oko ruba počne poprimati hrskavu zlatnosmeđu boju. Preklopite ga, pa izvadite iz posude. Ponovite s preostalim tijestom. Najbolje poslužiti toplo.

63. Pandan krema i slatko od ljepljive riže u slojevima

SASTOJCI:

- 300 g ljepljive riže, namočene u vodi 4 sata
- 650 ml kokosovog mlijeka
- 1 žličica fine morske soli
- 4 srednja jaja
- 200 g bijelog šećera
- ½ žlice ekstrakta pandana (vidi gore ili 2 žličice ekstrakta vanilije)
- 3 žlice kukuruznog brašna
- 3 žlice glatkog brašna

UPUTE:

a) Postavite kuhalo za kuhanje na pari ili stavite rešetku u wok ili duboku tavu s poklopcem. Ulijte 5 cm vode i pustite da zavrije na srednje jakoj vatri.

b) Stavite ljepljivu rižu u okrugli kalup za torte promjera 23 cm, visok oko 6 cm ili više, stavite u kuhalo na pari i kuhajte na pari 30 minuta. Ostavite sa strane da odstoji 5 minuta, zatim dodajte 200 ml kokosovog mlijeka i sol te pritisnite kuhanu rižu da se poravna. Ponovno kuhajte na pari još 10 minuta.

c) Za sloj kreme, umutite jaja i šećer u zdjeli dok se šećer ne otopi. Dodajte ekstrakt pandana (ili ekstrakt vanilije, ako ne možete pronaći pandan) i preostalo kokosovo mlijeko, te dobro promiješajte. Prosijte brašno i miješajte dok se dobro ne sjedini.

d) Smjesu izlijte na pirjanu ljepljivu rižu, zagladite vrh i kuhajte na pari na srednje jakoj vatri 1 sat, ostavljajući poklopac posude za kuhanje na pari malo otvoren kako voda od pare ne bi kapnula na sloj kreme.

e) Kad je kuhano, potpuno ohladite, zatim narežite i poslužite.

VOĆNE SALATE

64. Buko salata

SASTOJCI:
- 2 šalice mladog kokosa (buko), nasjeckanog
- 1 limenka (20 oz) voćnog koktela, ocijeđena
- 1 šalica nata de coco (kokosov gel), ocijeđen
- 1 šalica kaong (plod šećerne palme), ocijeđen
- 1 šalica zaslađenog kondenziranog mlijeka
- 1 šalica višenamjenskog vrhnja ili šlaga
- 1 šalica mini marshmallowa (po želji)

UPUTE:
a) U velikoj zdjeli za miješanje pomiješajte naribani mladi kokos, voćni koktel, nata de coco i kaong.
b) Dodajte zaslađeno kondenzirano mlijeko i višenamjensko vrhnje ili šlag. Dobro izmiješajte dok se svi sastojci ne prekriju.
c) Po želji dodajte mini marshmallows i lagano ih umiješajte u salatu.
d) Prije posluživanja buko salatu ohladite u hladnjaku najmanje 1 sat.
e) Poslužite ohlađeno kao osvježavajući i kremasti desert.

65. Voćna salata na filipinski način

SASTOJCI:

- 1½ šalice gustog vrhnja
- Pakiranje krem sira od 8 unci
- Tri limenke voćnog koktela od 14 unci, ocijeđene
- Limenke od 14 unci komadića ananasa, ocijeđene
- Liči od 14 unci, ocijeđen
- 1 šalica kokosa
- Paket od 8 unci nasjeckanih badema
- 1½ šalice kockica jabuka

UPUTE:

a) Pomiješajte gusto vrhnje i krem sir do glatke konzistencije poput umaka. Pomiješajte s ostalim sastojcima i dobro promiješajte, ohladite preko noći.
b) Liči se može preskočiti, umjesto običnog voćnog koktela upotrijebite koktel od tropskog voća i napravite ga u četiri limenke.
c) Filipinci koriste nešto što se zove Nestles Cream, ali to nije lako pronaći.

66. Salata od tropskog voća

SASTOJCI:
- 1 poluzreli mango, narezan na kockice
- 200 g svježeg ananasa narezanog na kockice
- 10 ličija
- 4 kivija, narezana na četvrtine
- Sjemenke od 1 nara
- 10 listića mente
- ½ žličice mljevenog cimeta
- 1 zvjezdasti anis
- 500 ml soka od ličija

UPUTE:
a) Stavite sve sastojke u veliku zdjelu i dobro ih promiješajte da se temeljito umiješa cimet u prahu.
b) Ohladite u hladnjaku 20 minuta prije posluživanja.

KRUH

67.Ensaymada

SASTOJCI:
- 4 šalice višenamjenskog brašna
- 1/2 šalice šećera
- 2 1/4 žličice instant kvasca
- 1/2 šalice vode
- 4 velika jaja
- 1/2 šalice evaporiranog mlijeka
- 1/2 šalice neslanog maslaca, omekšalog
- Naribani sir za preljev
- Šećer za posipanje

UPUTE:
a) U zdjeli pomiješajte brašno, šećer i instant kvasac.
b) U suhe sastojke dodajte vodu, jaja i evaporirano mlijeko. Miješajte dok se ne formira tijesto.
c) Dodajte omekšali maslac i mijesite dok tijesto ne postane glatko i elastično.
d) Pokrijte tijesto i ostavite da se diže na toplom mjestu dok se ne udvostruči, oko 1-2 sata.
e) Tijesto izbušiti i podijeliti na dijelove.
f) Svaki dio oblikujte u kolut ili okrugli oblik i stavite u tepsiju obloženu papirom za pečenje.
g) Ostavite da se oblikovano tijesto ponovno diže dok ne postane pufnasto, oko 30 minuta.
h) Zagrijte pećnicu na 350°F (175°C).
i) Vrh svake ensaymade premažite otopljenim maslacem i po vrhu pospite naribanim sirom.
j) Pecite u prethodno zagrijanoj pećnici 15-20 minuta ili dok ne porumene.
k) Izvadite iz pećnice i pustite da se malo ohladi. Prije posluživanja pospite šećerom.

68.Pan de Coco

SASTOJCI:
ZA TIJESTO:
- 4 šalice višenamjenskog brašna
- 1/2 šalice šećera
- 2 1/4 žličice instant kvasca
- 1/2 šalice vode
- 1/2 šalice kokosovog mlijeka
- 2 velika jaja
- 1/4 šalice neslanog maslaca, omekšalog

ZA NADJEV:
- 1 šalica zaslađenih kokosovih pahuljica
- 1/2 šalice smeđeg šećera

UPUTE:
a) U zdjeli pomiješajte brašno, šećer i instant kvasac.
b) U suhe sastojke dodajte vodu, kokosovo mlijeko i jaja. Miješajte dok se ne formira tijesto.
c) Dodajte omekšali maslac i mijesite dok tijesto ne postane glatko i elastično.
d) Pokrijte tijesto i ostavite da se diže na toplom mjestu dok se ne udvostruči, oko 1-2 sata.
e) U međuvremenu pripremite nadjev tako što ćete pomiješati zaslađene kokosove ljuskice i smeđi šećer.
f) Tijesto izbušiti i podijeliti na dijelove.
g) Svaki dio tijesta poravnajte i u sredinu stavite žlicu nadjeva.
h) Stavite nadjev tako da spojite rubove tijesta, pa oblikujte kuglice.
i) Napunjene kuglice od tijesta stavljati u tepsiju obloženu papirom za pečenje.
j) Ostavite da se oblikovano tijesto ponovno diže dok ne postane pufnasto, oko 30 minuta.
k) Zagrijte pećnicu na 350°F (175°C).
l) Pecite u prethodno zagrijanoj pećnici 15-20 minuta ili dok ne porumene.
m) Izvadite iz pećnice i ostavite da se ohladi prije posluživanja.

69. Španjolski kruh

SASTOJCI:
ZA TIJESTO:
- 4 šalice višenamjenskog brašna
- 1/2 šalice šećera
- 2 1/4 žličice instant kvasca
- 1/2 šalice vode
- 1/2 šalice evaporiranog mlijeka
- 2 velika jaja
- 1/4 šalice neslanog maslaca, omekšalog

ZA NADJEV:
- 1/2 šalice krušnih mrvica
- 1/2 šalice šećera
- 1/4 šalice neslanog maslaca, omekšalog

UPUTE:
a) U zdjeli pomiješajte brašno, šećer i instant kvasac.
b) Suhim sastojcima dodajte vodu, evaporirano mlijeko i jaja. Miješajte dok se ne formira tijesto.
c) Dodajte omekšali maslac i mijesite dok tijesto ne postane glatko i elastično.
d) Pokrijte tijesto i ostavite da se diže na toplom mjestu dok se ne udvostruči, oko 1-2 sata.
e) U međuvremenu pripremite nadjev tako da pomiješate krušne mrvice, šećer i omekšali maslac dok se dobro ne sjedini.
f) Tijesto izbušiti i podijeliti na dijelove.
g) Svaki dio tijesta poravnajte i na njega rasporedite žlicu nadjeva.
h) Razvaljajte tijesto u cjepanicu, zatvorite nadjev unutra.
i) Svaku cjepanicu narežite na manje komade i stavite u tepsiju obloženu papirom za pečenje.
j) Ostavite da se oblikovano tijesto ponovno diže dok ne postane pufnasto, oko 30 minuta.
k) Zagrijte pećnicu na 350°F (175°C).
l) Pecite u prethodno zagrijanoj pećnici 15-20 minuta ili dok ne porumene.
m) Izvadite iz pećnice i pustite da se malo ohladi prije posluživanja.

70. Turon (Banana Lumpia)

SASTOJCI:
- 6 zrelih saba banana, oguljenih i narezanih po dužini
- Lumpia omoti (omoti za proljetne rolice)
- smeđi šećer
- Trake džekfruta (po želji)
- Ulje za prženje

UPUTE:
a) Položite omot lumpije na ravnu površinu.
b) Stavite krišku banane na omot, pospite smeđim šećerom i dodajte trakice jackfruita ako koristite.
c) Čvrsto smotajte omot lumpije, savijajući sa strane dok idete, kako biste zatvorili nadjev.
d) Rub zatvorite s malo vode da se ne otvori tijekom prženja.
e) Zagrijte ulje za kuhanje u tavi na srednje jakoj vatri.
f) Pržite turon dok ne porumeni i postane hrskav.
g) Ocijedite na papirnatim ubrusima da uklonite višak ulja.
h) Poslužite toplo i uživajte u ukusnoj kombinaciji slatkih banana i hrskavog omota.

71.Bicho-Bicho (uvrnute krafne)

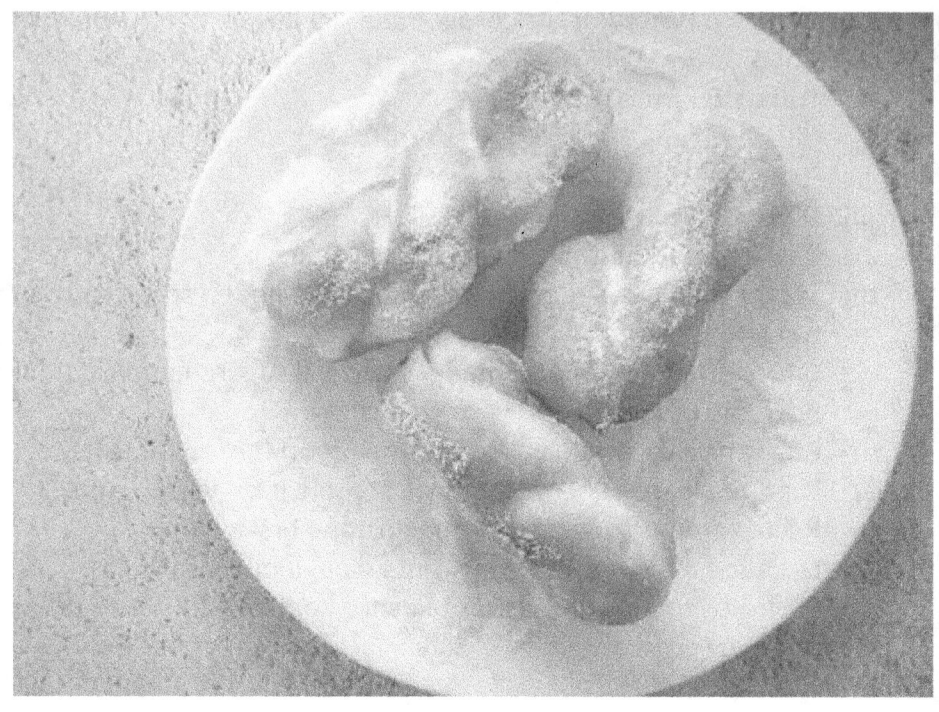

SASTOJCI:
- 4 šalice višenamjenskog brašna
- 1/2 šalice šećera
- 2 1/4 žličice instant kvasca
- 1/2 šalice vode
- 1/2 šalice evaporiranog mlijeka
- 2 velika jaja
- 1/4 šalice neslanog maslaca, omekšalog
- Ulje za prženje
- Šećer u prahu za posipanje

UPUTE:
a) U zdjeli pomiješajte brašno, šećer i instant kvasac.
b) Suhim sastojcima dodajte vodu, evaporirano mlijeko i jaja. Miješajte dok se ne formira tijesto.
c) Dodajte omekšali maslac i mijesite dok tijesto ne postane glatko i elastično.
d) Pokrijte tijesto i ostavite da se diže na toplom mjestu dok se ne udvostruči, oko 1-2 sata.
e) Tijesto izbušiti i podijeliti na dijelove.
f) Svaki dio tijesta razvaljajte u uže dugo oko 6 inča.
g) Uvrnite svaki konop u spiralni oblik i stisnite krajeve da se spoje.
h) Zagrijte ulje za kuhanje u dubokoj tavi ili fritezi na 350°F (175°C).
i) Pržite bicho-bicho u serijama dok ne porumeni i ne bude kuhan, oko 3-4 minute po seriji.
j) Ocijedite na papirnatim ubrusima da uklonite višak ulja.
k) Prije posluživanja pospite šećerom u prahu.
l) Uživajte u ovim upletenim krafnama kao divnom međuobroku ili desertu.

72. Hopija

SASTOJCI:
- 2 šalice višenamjenskog brašna
- 1/2 šalice šećera
- 1/4 šalice biljnog ulja
- 1/4 šalice vode
- 1/2 žličice soli
- Mogućnosti punjenja: slatka pasta od mung graha, pasta od crvenog graha ili zaslađeni naribani kokos

UPUTE:
a) U zdjeli pomiješajte brašno, šećer i sol.
b) Suhim sastojcima dodajte biljno ulje i vodu. Miješajte dok se ne formira tijesto.
c) Mijesite tijesto na lagano pobrašnjenoj površini dok ne bude glatko i elastično.
d) Podijelite tijesto na dijelove i svaki dio razvaljajte u kuglu.
e) Svaku kuglicu tijesta spljoštite u krug promjera oko 4 inča.
f) U sredinu svakog kruga tijesta stavite žlicu nadjeva po izboru.
g) Presavijte rubove tijesta preko nadjeva i stisnite da se spoje.
h) Napunjene kuglice od tijesta stavljati u pleh obložen papirom za pečenje.
i) Premažite vrhove vodom za pranje jaja (po izboru).
j) Pecite u prethodno zagrijanoj pećnici na 350°F (175°C) 20-25 minuta ili dok ne porumene.
k) Neka se ohladi prije posluživanja.

73.Filipinski Bibingka banana kruh

SASTOJCI:
- Sprej za kuhanje
- 1 (14 x 12 inča) komad lista banane
- 1 ¼ šalice slatkog rižinog brašna
- 1 ¼ šalice ljepljivog rižinog brašna
- 2 ½ žličice praška za pecivo
- 1 žličica košer soli
- 1 šalica granuliranog šećera
- 1 šalica vrlo zrelih pasiranih banana
- ¾ šalice dobro protresenog i promiješanog nezaslađenog kokosovog mlijeka
- ½ šalice neslanog maslaca (4 unce), otopljenog
- 1 žličica ekstrakta vanilije
- 2 velika jaja, sobne temperature

UPUTE:
a) Zagrijte pećnicu na 350°F. Namastite kalup za kruh veličine 9 x 5 inča sprejom za kuhanje i ostavite ga sa strane.
b) Pomoću škara izrežite traku od 12 x 4 inča od lista banane, paralelno sa središnjom žilom lista. Preostali dio lista banane izrežite na 3 (12 x 3 inča) trake, režući paralelno s venama lista.
c) Stavite 3 inča široke trake listova banane poprečno preko dna i stranica kalupa za kruh, preklapajući se koliko je potrebno da potpuno poravnate dno. Uvjerite se da krajevi lista prelaze preko stranica za 1 do 2 inča. Stavite preostalu traku lista banane uzduž na dno kalupa za kruh i djelomično uz kraće strane. Ostavite tavu sa strane.
d) U srednjoj posudi pomiješajte brašno od slatke riže, brašno od ljepljive riže, prašak za pecivo i sol.
e) U velikoj zdjeli pomiješajte granulirani šećer, zgnječene banane, kokosovo mlijeko, otopljeni maslac, ekstrakt vanilije i jaja dok se dobro ne sjedine. Dodajte mješavinu brašna u smjesu šećera i miksajte dok se potpuno ne sjedini.
f) Ulijte tijesto u pripremljenu tepsiju, ravnomjerno ga rasporedite.
g) Pecite u prethodno zagrijanoj pećnici dok kruh od banane ne porumeni i vrh ne poskoči na lagani pritisak. To će trajati otprilike

1 sat i 10 minuta do 1 sat i 20 minuta. Tijekom zadnjih 20 minuta pečenja, lagano prekrijte kruh aluminijskom folijom kako biste spriječili da previše porumeni.

h) Pustite da se kruh od banane potpuno ohladi u tavi na rešetki. To će trajati otprilike 2 sata i 30 minuta do 3 sata.
i) Pažljivo izvadite štrucu iz kalupa koristeći listove banane kao ručke.
j) Narežite banana kruh i poslužite ga na listovima banane za autentičan dodir.

ZAMRZNUTE POSLASTICE

74. Pandan sladoled

SASTOJCI:
- 1 litra ekstra guste duple kreme
- 500 ml punomasnog mlijeka
- ¼ žličice fine morske soli
- 12 žumanjaka
- 300 g bijelog šećera
- 1 žlica gustog ekstrakta pandana
- Za preljev (po želji)
- 150 g obične čokolade (minimalno 50% kakaa)
- 100 ml punomasnog mlijeka
- 60 g gotovog slanog ili neslanog prženog kikirikija, mljevenog

UPUTE:
a) U duboki lonac stavite vrhnje, mlijeko i sol i kuhajte na laganoj vatri dok ne zavrije.
b) U zdjeli istucite žumanjke i šećer u gustoću. Lagano ulijte pola smjese vrhnja i mlijeka na jaja i šećer, neprestano miksajući, zatim umiješajte preostalo vrhnje i mlijeko.
c) Premjestite cijelu smjesu natrag u lonac i dodajte ekstrakt pandana. Dovedite do točke vrenja, neprestano miješajući da se ne zgruša. To bi trebalo trajati 3-4 minute.
d) Pomoću finog metalnog cjedila procijedite smjesu u posudu ili zdjelu otpornu na zamrzavanje ili kalup za kruh. Pustite da se ohladi 15 minuta, a zatim prebacite u zamrzivač. Nakon 45 minuta izvadite ga iz zamrzivača i mućkajte te nastavite to raditi svakih 45 minuta 2-3 sata.
e) Da biste napravili čokoladni preljev, izlomite čokoladu na male komadiće i stavite ih u zdjelu otpornu na toplinu. Dodajte mlijeko i stavite iznad lonca s kipućom vodom dok se čokolada ne otopi i sjedini s mlijekom. Neka se potpuno ohladi.
f) Za posluživanje razdijelite sladoled u zdjelice, prelijte ga čokoladnim umakom i po vrhu pospite mljevenim kikirikijem.

75. Filipinski sladoled od manga

SASTOJCI:
- Mango: 2 (svježi, zreli)
- Bijeli šećer: 1 šalica
- Kokosovo mlijeko: 3 žlice
- Limunov sok: 1 žličica
- Vrhnje za šlag: 1 šalica

UPUTE:
a) Ogulite i narežite mango.
b) U sjeckalicu stavite voće—pržite 1 minutu sa šećerom.
c) Miješajte kokosovo mlijeko i limunov sok nekoliko sekundi da se izmiješaju.
d) Ulijte pire od manga u posudu.
e) Kuhinjski procesor ili blender do pola napunite vrhnjem za šlag. Miksajte kremu dok se ne stvore čvrsti vrhovi ili dok ne bude jako čvrsta.
f) Pire od manga miksajte sa šlagom 5 do 10 sekundi ili dok ne dobijete čvrstu konzistenciju kreme od manga.
g) Smjesom napunite kadicu za sladoled i zamrznite najmanje 6-8 sati.
h) Zagrabite u sladoled c1s ili poslužite u zdjelicama.

76. Sladoled s čili karamel umakom

SASTOJCI:
- Sladoled od vanilije: 6 kuglica
- Svježi listovi mente/bosiljka: ukras
- Kikiriki ili indijski oraščići: zdrobljeni ili nasjeckani

KARAMEL UMAK:
- Slatki filipinski čili umak: 4 žlice
- Javorov sirup: 4 žlice
- Sol: prstohvat
- Sok limete: ½ žlice

UPUTE:
a) U loncu pomiješajte sve sastojke za umak.
b) Stavite lonac na srednju vatru i neprestano miješajte 1 minutu.
c) U svaku zdjelu za posluživanje stavite 2 do 3 kuglice sladoleda od vanilije.
d) Sada žlicom prelijte topli umak po vrhu, ravnomjerno ga rasporedite.
e) Poslužite odmah i uživajte.

77.Obrijani ledeni desert

SASTOJCI:
- Osušene sjemenke bosiljka: 1 žlica
- Rezani led: 1 šalica
- Krutoni/komadići kruha: 10 grama
- 3 žlice kondenziranog mlijeka

UPUTE:
a) Namočite osušene sjemenke bosiljka 30 minuta u ½ šalice tople vode.
b) U zdjelu posložite krutone, namočene sjemenke bosiljka i led za izradu deserta.
c) Ulijte željenu količinu sirupa preko leda i pokapajte kondenzovanim mlijekom.

78. Halo-Halo sladoled

SASTOJCI:
- 1 šalica kokosovog mlijeka
- 1 šalica evaporiranog mlijeka
- 1/2 šalice zaslađenog kondenziranog mlijeka
- Razni halo-halo sastojci (kuhani slatki grah, kaong, nata de coco, gulaman, zaslađeno voće itd.)
- Kalupi za sladoled
- Štapići za sladoled

UPUTE:
a) U zdjeli pomiješajte kokosovo mlijeko, evaporirano mlijeko i zaslađeno kondenzirano mlijeko dok se dobro ne sjedine.
b) Podijelite odabrane halo-halo sastojke po kalupima za sladoled.
c) Mliječnu smjesu preliti preko halo-halo sastojaka, puneći svaki kalup skoro do vrha.
d) U kalupe umetnite štapiće za sladoled.
e) Zamrznite najmanje 4 sata ili dok se potpuno ne zamrzne.
f) Nakon što se zamrznu, izvadite sladoled od sladoleda i uživajte u ovom osvježavajućem zaokretu u klasičnom filipinskom desertu.

79.Sorbet od manga i kokosa

SASTOJCI:
- 2 zrela manga, oguljena i narezana na kockice
- 1 limenka (13,5 oz) kokosovog mlijeka
- 1/4 šalice šećera (po želji)
- 1 žlica soka limete
- Prstohvat soli

UPUTE:
a) Mango narezan na kockice stavite u blender ili multipraktik.
b) Dodajte kokosovo mlijeko, šećer, sok limete i sol u blender.
c) Miješajte dok ne postane glatko i dobro sjedinjeno.
d) Kušajte i po potrebi prilagodite slatkoću dodavanjem još šećera.
e) Smjesu izlijte u plitku posudu ili aparat za sladoled.
f) Ako koristite posudu, pokrijte plastičnom folijom i zamrznite najmanje 4 sata, povremeno miješajući kako biste razbili sve kristale leda.
g) Ako koristite aparat za sladoled, mućkajte prema uputama proizvođača.
h) Nakon što se zamrzne, sipajte sorbet u zdjelice ili kornete i uživajte u ovom tropskom i osvježavajućem desertu.

80. Granita od ananasa i kokosa

SASTOJCI:
- 2 šalice komadića ananasa
- 1 limenka (13,5 oz) kokosovog mlijeka
- 1/4 šalice šećera (po želji)
- 1 žlica soka limete
- Prstohvat soli

UPUTE:
a) Stavite komade ananasa u blender ili procesor hrane.
b) Dodajte kokosovo mlijeko, šećer, sok limete i sol u blender.
c) Miješajte dok ne postane glatko i dobro sjedinjeno.
d) Kušajte i po potrebi prilagodite slatkoću dodavanjem još šećera.
e) Smjesu izlijte u plitku posudu.
f) Stavite posudu u zamrzivač i zamrznite oko 1 sat.
g) Nakon 1 sata vilicom ostružite smrznute rubove u sredinu.
h) Nastavite strugati svakih 30 minuta dok se smjesa potpuno ne zamrzne i dobije granitastu teksturu.
i) Nakon što se zamrzne, granitu rasporedite u zdjelice ili čaše i odmah poslužite kao lagani i osvježavajući desert.

81. Mango i kokos led

SASTOJCI:
- 2 zrela manga, oguljena i narezana na kockice
- 1 limenka (13,5 oz) kokosovog mlijeka
- 1/4 šalice meda ili šećera (po želji)
- 1 žlica soka limete

UPUTE:
a) Mango narezan na kockice stavite u blender ili multipraktik.
b) U blender dodajte kokosovo mlijeko, med ili šećer i sok od limete.
c) Miješajte dok ne postane glatko i dobro sjedinjeno.
d) Kušajte i prilagodite slatkoću ako je potrebno.
e) Ulijte smjesu u kalupe za sladoled.
f) U kalupe umetnite štapiće za sladoled.
g) Zamrznite najmanje 4 sata ili dok se potpuno ne zamrzne.
h) Nakon što se zamrznu, izvadite sladoled od sladoleda i uživajte u ovoj tropskoj smrznutoj poslastici.

82.Sladoled od avokada

SASTOJCI:
- 2 zrela avokada, oguljena i bez koštice
- 1 limenka (13,5 oz) kokosovog mlijeka
- 1/4 šalice meda ili šećera (po želji)
- 1 žlica soka limete

UPUTE:
a) Stavite meso avokada u blender ili procesor hrane.
b) U blender dodajte kokosovo mlijeko, med ili šećer i sok od limete.
c) Miješajte dok ne postane glatko i dobro sjedinjeno.
d) Kušajte i prilagodite slatkoću ako je potrebno.
e) Ulijte smjesu u plitku posudu ili aparat za sladoled.
f) Ako koristite posudu, pokrijte plastičnom folijom i zamrznite najmanje 4 sata, povremeno miješajući kako biste razbili sve kristale leda.
g) Ako koristite aparat za sladoled, mutite prema uputama proizvođača.
h) Nakon što se zamrzne, izgrabite sladoled od avokada u zdjelice ili kornete i uživajte u ovom kremastom i osvježavajućem desertu.

TOFU DESERI

83.Taho

SASTOJCI:
- 1 paket (14 oz) svilenog tofua
- 1/4 šalice smeđeg šećera
- 1/4 šalice tapioka bisera (kuhanih prema uputama na pakiranju)
- Sirup (po izboru): 1/2 šalice smeđeg šećera, 1/2 šalice vode, 1 žličica ekstrakta vanilije

UPUTE:
a) Svileni tofu narežite na male kockice i rasporedite ih u zdjelice za posluživanje.
b) U malom loncu pomiješajte smeđi šećer i vodu za sirup. Zagrijte na srednjoj vatri dok se šećer ne otopi. Maknite s vatre i umiješajte ekstrakt vanilije.
c) Kockice tofua prelijte sirupom.
d) Dodajte kuhane bisere tapioke u svaku zdjelu.
e) Poslužite toplo kao ugodan i hranjiv desert.

84. Tofu Leche Flan

SASTOJCI:
- 1 paket (14 oz) svilenog tofua
- 1 limenka (14 oz) kondenziranog mlijeka
- 1 limenka (12 oz) evaporiranog mlijeka
- 6 žumanjaka
- 1/2 šalice šećera

UPUTE:
a) Zagrijte pećnicu na 350°F (175°C).
b) Miješajte svilenkasti tofu dok ne postane glatko.
c) U zdjeli pomiješajte kondenzirano mlijeko, evaporirano mlijeko, žumanjke i šećer dok se dobro ne sjedine.
d) Dodajte izmiksani tofu u mliječnu smjesu i miješajte dok ne postane glatka.
e) Ulijte smjesu u llanera (kalupe za flan) ili posudu za pečenje.
f) Llaneru ili posudu za pečenje stavite u veću tepsiju. Napunite veću posudu vrućom vodom do pola stijenki llanere ili posude za pečenje kako biste stvorili vodenu kupelj.
g) Pecite oko 45-50 minuta ili dok se leche flan ne stegne.
h) Pustite da se ohladi, a zatim ostavite u hladnjaku najmanje 2 sata ili preko noći.
i) Za posluživanje preokrenite llanera na tanjur, pustite da karamel umak teče preko flane.

85. Tofu Halo-Halo

SASTOJCI:
- 1 paket (14 oz) svilenog tofua
- Razni halo-halo sastojci (kuhani slatki grah, kaong, nata de coco, gulaman, zaslađeno voće itd.)
- Obrijani led
- Ispareno mlijeko
- Šećerni sirup (po želji)

UPUTE:
a) Svileni tofu narežite na male kockice i rasporedite ih u zdjelice za posluživanje.
b) Rasporedite različite halo-halo sastojke na vrh kockica tofua.
c) Prelijte struganim ledom.
d) Pokapajte evaporirano mlijeko i šećerni sirup (ako koristite) preko izribanog leda.
e) Poslužite odmah i uživajte u ovom osvježavajućem i šarenom desertu.

86. Tofu Maja Blanca

SASTOJCI:
- 1 paket (14 oz) svilenog tofua
- 1 limenka (13,5 oz) kokosovog mlijeka
- 1/2 šalice kukuruznog škroba
- 1/2 šalice šećera
- 1/2 šalice vode
- 1/2 šalice kukuruznih zrna (po želji)
- Ribani kokos (za preljev)

UPUTE:
a) Miješajte svilenkasti tofu dok ne postane glatko.
b) U loncu pomiješajte kokosovo mlijeko, kukuruzni škrob, šećer i vodu. Miješajte dok se dobro ne sjedini.
c) Kuhajte na srednjoj vatri uz stalno miješanje dok se smjesa ne zgusne.
d) Dodajte izmiksani tofu u smjesu i miješajte dok ne postane glatka.
e) Dodajte zrna kukuruza (ako koristite) i nastavite kuhati još 2-3 minute.
f) Smjesu izliti u namašćenu posudu i ostaviti da se ohladi i stegne.
g) Kad se stegne, izrežite na kvadrate i pospite naribanim kokosom prije posluživanja.

87.Tofu Mango Sago

SASTOJCI:
- 1 paket (14 oz) svilenog tofua
- 1 zreli mango, oguljen i narezan na kockice
- 1/2 šalice malih tapioka bisera (sago), kuhanih prema uputama na pakiranju
- 1 limenka (14 oz) kokosovog mlijeka
- 1/4 šalice šećera (po želji)
- Zdrobljeni led (po izboru)

UPUTE:
a) Miješajte svilenkasti tofu dok ne postane glatko.
b) U loncu zagrijte kokosovo mlijeko na srednje jakoj vatri. Dodajte šećer i miješajte dok se ne otopi.
c) Dodajte izmiksani tofu u smjesu kokosovog mlijeka i miješajte dok se dobro ne sjedini.
d) Maknite s vatre i ostavite da se ohladi.
e) U zdjelice za posluživanje stavite žlicu kuhanih bisera tapioke.
f) Na perle tapioke dodajte mango narezan na kockice.
g) Prelijte mješavinu tofua i kokosovog mlijeka preko bisera manga i tapioke.
h) Poslužite ohlađeno s mrvljenim ledom po želji.

88. Tofu Ube puding od tapioke

SASTOJCI:
- 1 paket (14 oz) svilenog tofua
- 1/2 šalice kuhanih tapioka bisera (sago)
- 1/2 šalice pasiranog ljubičastog jama (ube)
- 1 limenka (14 oz) kokosovog mlijeka
- 1/4 šalice šećera (po želji)
- Ekstrakt ube (po izboru, za boju i okus)
- Naribani kokos (za preljev)

UPUTE:
a) Miješajte svilenkasti tofu dok ne postane glatko.
b) U loncu zagrijte kokosovo mlijeko na srednje jakoj vatri. Dodajte šećer i miješajte dok se ne otopi.
c) U smjesu s kokosovim mlijekom dodajte zgnječeni ljubičasti jam i kuhane bisere tapioke. Miješajte dok se dobro ne sjedini.
d) Po želji dodajte nekoliko kapi ekstrakta ube za dodatnu boju i okus.
e) Ulijte izmiksani tofu u smjesu od kokosovog mlijeka i miješajte dok ne postane glatka.
f) Maknite s vatre i ostavite da se malo ohladi.
g) Puding razdijelite u zdjelice za posluživanje i po vrhu pospite nasjeckani kokos.
h) Poslužite toplo ili ohlađeno po želji.

89.Tofu buko pandan salata

SASTOJCI:
- 1 paket (14 oz) svilenog tofua
- 1 limenka (14 oz) kokosovog mlijeka
- 1/2 šalice šećera (po želji)
- 1 šalica mladog kokosa (buko), nasjeckanog
- 1 šalica želatine s okusom pandana, narezane na kockice
- 1 šalica tapioka bisera (kuhani sago)
- 1/2 šalice kaonga (ploda šećerne palme), ocijeđenog
- Nata de coco (po želji)
- Zaslađeno kondenzirano mlijeko (za prelijevanje)

UPUTE:
a) Miješajte svilenkasti tofu dok ne postane glatko.
b) U velikoj zdjeli pomiješajte izmiješani tofu, kokosovo mlijeko i šećer dok se dobro ne sjedine.
c) Dodajte nasjeckani mladi kokos, kockice želatine s okusom pandana, kuhane bisere tapioke, kaong i nata de coco (ako koristite) u smjesu tofua i kokosovog mlijeka. Lagano promiješajte da se sjedini.
d) Ohladite salatu u hladnjaku najmanje 1 sat prije posluživanja.
e) Prije posluživanja ohlađenu salatu po želji prelijte zaslađenim kondenziranim mlijekom.
f) Tofu buko pandan salatu poslužite kao osvježavajući i kremasti desert.

NAMAZI I DŽEMOVI

90.Matamis Na Bao

SASTOJCI:
- 2 šalice mladog kokosa (buko), nasjeckanog
- 1 šalica vode
- 1 šalica smeđeg šećera

UPUTE:
a) U loncu pomiješajte vodu i smeđi šećer.
b) Zagrijte smjesu na srednjoj vatri, miješajući dok se šećer potpuno ne otopi.
c) U smjesu sa sirupom dodajte narendani mladi kokos.
d) Smjesu s kokosom kuhajte na laganoj vatri uz povremeno miješanje dok tekućina ne ispari i niti kokosa u potpunosti budu obložene sirupom.
e) Maknite s vatre i ostavite da se ohladi.
f) Nakon što se ohladi, prebacite Matamis na Bao u čistu staklenku ili spremnik za pohranu.
g) Poslužite kao slatki međuobrok ili sam desert ili ga koristite kao preljev za razne filipinske deserte poput halo-halo ili struganog leda.

91.Karamelizirani džem od banane i jackfruita

SASTOJCI:
- 4 zrele banane, narezane na ploške
- 1 šalica zrelog jackfruita, nasjeckanog
- 1 šalica smeđeg šećera
- 1/4 šalice vode
- 1/2 žličice ekstrakta vanilije (po želji)

UPUTE:
a) U loncu pomiješajte smeđi šećer i vodu.
b) Zagrijte smjesu na srednjoj vatri, miješajući dok se šećer potpuno ne otopi.
c) U smjesu sirupa dodajte narezane banane i nasjeckani jackfruit.
d) Smjesu kuhajte na laganoj vatri uz povremeno miješanje dok voće ne omekša i karamelizira se, a tekućina se zgusne u džem.
e) Po želji dodajte ekstrakt vanilije za dodatnu aromu i dobro promiješajte.
f) Maknite s vatre i ostavite da se ohladi.
g) Nakon što se ohladi, premjestite karamelizirani džem od banane i jackfruita u čistu staklenku ili spremnik za pohranu.
h) Uživajte u njemu kao namazu na tostu, palačinkama ili vaflima ili ga koristite kao nadjev za peciva i deserte.

92.Kompot od breskve i manga

SASTOJCI:
- 2 zrele breskve oguljene i narezane na kockice
- 2 zrela manga, oguljena i narezana na kockice
- 1/4 šalice šećera (po želji)
- 1/4 šalice vode
- 1 žlica limunovog soka
- 1/2 žličice ekstrakta vanilije

UPUTE:
a) U loncu pomiješajte breskve narezane na kockice, mango narezan na kockice, šećer, vodu, limunov sok i ekstrakt vanilije.
b) Zagrijte smjesu na srednjoj vatri, povremeno miješajući, dok voće ne omekša, a tekućina se zgusne u konzistenciju poput kompota.
c) Kušajte i po potrebi prilagodite slatkoću dodavanjem još šećera.
d) Maknite s vatre i ostavite da se ohladi.
e) Nakon što se ohladi, prebacite kompot od breskve i manga u čistu staklenku ili spremnik za pohranu.
f) Poslužite ga kao preljev za jogurt, sladoled, palačinke ili vafle ili ga koristite kao nadjev za torte i kolače.

93. Džem od manga i ananasa

SASTOJCI:
- 2 šalice zrelog manga, oguljenog i narezanog na kockice
- 1 šalica komadića ananasa
- 1 šalica granuliranog šećera
- 2 žlice soka od limuna
- 1 žličica ekstrakta vanilije

UPUTE:
a) U loncu pomiješajte mango narezan na kockice, komadiće ananasa, šećer, limunov sok i ekstrakt vanilije.
b) Zagrijte smjesu na srednjoj vatri, povremeno miješajući, dok voće ne omekša, a tekućina se zgusne u konzistenciju džema.
c) Kušajte i po potrebi prilagodite slatkoću dodavanjem još šećera.
d) Maknite s vatre i ostavite da se ohladi.
e) Nakon što se ohladi, prebacite džem od ananasa od manga u čistu staklenku ili spremnik za pohranu.
f) Uživajte u njemu kao namazu na tostu, krekerima ili sendvičima ili ga koristite kao nadjev za peciva i deserte.

94. žele od guave

SASTOJCI:
- 4 šalice pulpe guave (od otprilike 12 zrelih guava)
- 4 šalice granuliranog šećera
- 1/4 šalice soka od limuna
- 1 paket (3 oz) tekućeg voćnog pektina

UPUTE:
a) U velikom loncu pomiješajte pulpu guave, šećer i limunov sok.
b) Zakuhajte smjesu na srednje jakoj vatri uz stalno miješanje.
c) Kad zavrije, smanjite vatru na srednje nisku i pustite da lagano kuha oko 20 minuta uz povremeno miješanje dok se smjesa ne zgusne.
d) Umiješajte tekući voćni pektin i nastavite kuhati još 5 minuta.
e) Maknite s vatre i uklonite pjenu s površine.
f) Ulijte vrući žele od guave u sterilizirane staklenke, ostavljajući oko 1/4 inča prostora na vrhu.
g) Staklenke čvrsto zatvorite poklopcima i kuhajte u kipućoj vodenoj kupelji 10 minuta.
h) Izvadite staklenke iz vodene kupelji i ostavite da se ohlade na sobnoj temperaturi.
i) Nakon što se ohladi, provjerite brtve i čuvajte Guava Jelly na hladnom i tamnom mjestu.

95.Calamansi marmelada

SASTOJCI:
- 2 šalice soka od kalamansija (procijeđenog)
- 2 šalice granuliranog šećera
- Korica od 2 kalamana (po želji)

UPUTE:
a) U loncu pomiješajte sok od lignje, šećer i koricu od lignje (ako je koristite).
b) Pustite smjesu da zakipi na srednje jakoj vatri neprestano miješajući dok se šećer potpuno ne otopi.
c) Smanjite vatru na srednje nisku i pustite da smjesa krčka oko 30-40 minuta uz povremeno miješanje dok se ne zgusne i postigne željenu gustoću.
d) Maknite s vatre i ostavite da se ohladi.
e) Nakon što se ohladi, premjestite Calamansi marmeladu u sterilizirane staklenke ili posude za skladištenje.
f) Uživajte u njemu kao namazu na kruhu, muffinima ili krekerima ili ga koristite kao preljev za jogurt ili sladoled.

96. Chutney od manga

SASTOJCI:
- 2 zrela manga, oguljena i narezana na kockice
- 1 glavica luka sitno nasjeckana
- 1/2 šalice grožđica
- 1/2 šalice jabučnog octa
- 1/2 šalice smeđeg šećera
- 1 žličica mljevenog đumbira
- 1/2 žličice mljevenog cimeta
- 1/4 žličice mljevenog klinčića
- Posolite i popaprite po ukusu

UPUTE:
a) U loncu pomiješajte mango narezan na kockice, nasjeckani luk, grožđice, jabučni ocat, smeđi šećer, mljeveni đumbir, mljeveni cimet, mljeveni klinčić, sol i papar.
b) Pustite smjesu da zavrije na srednje jakoj vatri, zatim smanjite vatru na nisku i pustite da lagano kuha oko 30-40 minuta, povremeno miješajući, dok se chutney ne zgusne i okusi ne stope.
c) Kušajte i po potrebi prilagodite začine.
d) Maknite s vatre i ostavite da se ohladi.
e) Nakon što se ohladi, prebacite Mango Chutney u sterilizirane staklenke ili posude za pohranu.
f) Uživajte u njemu kao začinu uz meso s roštilja, sendviče ili plate sa sirom.

97.Džem od ananasa i kokosa

SASTOJCI:
- 2 šalice ananasa narezanog na kockice
- 1 šalica nasjeckanog kokosa (svježeg ili osušenog)
- 1 šalica granuliranog šećera
- 1/4 šalice vode
- 1 žlica soka limete
- 1/2 žličice ekstrakta vanilije

UPUTE:
a) U loncu pomiješajte ananas narezan na kockice, nasjeckani kokos, šećer, vodu, sok limete i ekstrakt vanilije.
b) Zagrijte smjesu na srednjoj vatri, povremeno miješajući, dok voće ne omekša, a tekućina se zgusne u konzistenciju džema.
c) Kušajte i po potrebi prilagodite slatkoću dodavanjem još šećera.
d) Maknite s vatre i ostavite da se ohladi.
e) Nakon što se ohladi, prebacite džem od ananasa i kokosa u čistu staklenku ili spremnik za pohranu.
f) Uživajte u njemu kao namazu na tostu, muffinima ili palačinkama ili ga koristite kao preljev za jogurt ili zobenu kašu.

98.Chili Mango Chutney

SASTOJCI:
- 2 zrela manga, oguljena, bez koštica i narezana na kockice
- ½ šalice šećera
- ¼ šalice octa
- 2-3 crvene čili papričice, sitno nasjeckane (začine prilagodite svojim željama)
- ½ žličice đumbira, naribanog
- ½ žličice mljevenog klinčića
- Posolite po ukusu

UPUTE:
a) U loncu pomiješajte mango, šećer, ocat, crvenu čili papričicu, đumbir, mljeveni klinčić i prstohvat soli.
b) Kuhajte na laganoj vatri uz povremeno miješanje dok se smjesa ne zgusne, a mango omekša.
c) Ostavite ajvar da se ohladi pa ga spremite u staklenku. Ovaj začinjeni chutney od manga savršen je za dodavanje slatkog i ljutog okusa vašim jelima.

99.Svježi chutney od ananasa

SASTOJCI:
- 1 Lg (6-7 lb) svježeg ananasa
- 1 žlica soli
- ½ Lg češnjaka, pasiranog
- 1¾ šalice grožđica bez sjemenki
- 1¼ šalice svijetlo smeđeg šećera
- 1 šalica jabučnog octa
- 2 štapića cimeta od 2 inča
- ¼ žličice mljevenog klinčića

UPUTE:
Ananas ogulite, izrežite na segmente i sitno nasjeckajte. pospite solju i ostavite 1½ sata. Ocijedite.
Stavite češnjak i grožđice kroz sjeckalicu pomoću umjerene oštrice. Dodajte ananasu.
Pomiješajte šećer, ocat i začine u loncu i zagrijte do točke vrenja. Dodajte mješavinu voća i kuhajte na umjerenoj vatri dok se ne zgusne, oko 45 minuta. Ulijte u vruće, sterilizirane frakcijske staklenke i odmah zatvorite.

100.chutney od limete

SASTOJCI:
- 12 limeta
- 2 mahune češnjaka
- Komad đumbira od 4 inča
- 8 zelenih čilija
- 1 žlica čilija u prahu
- 12 žlica šećera
- 1 šalica octa

UPUTE:
a) Očistite limete i nasjeckajte ih na manje komade, uklanjajući sjemenke. Sačuvajte sav sok od limete koji se nakupi tijekom sjeckanja.
b) Sitno narežite češnjak, đumbir i čili.
c) Pomiješajte sve sastojke osim octa.
d) Kuhajte na laganoj vatri dok se smjesa ne zgusne. Dodajte ocat i kuhajte 5 minuta.
e) Ohladite i flaširajte. Pojedite nakon 3-4 tjedna.

ZAKLJUČAK

Dok završavamo naše putovanje kroz svijet filipinsko-američkih deserata, nadam se da vas je ova kuharica nadahnula da prigrlite slatkoću života i slavite bogato kulturno nasljeđe koje oblikuje naša kulinarska iskustva. "Mayumu: filipinsko-američki deserti" napravljen je sa strašću za poštovanjem tradicije, poticanjem kreativnosti i dijeljenjem radosti slatkih poslastica s voljenima.

Hvala vam što ste mi se pridružili u ovoj ukusnoj avanturi. Neka vaša kuhinja bude ispunjena mirisima svježe pečene bibingke, živim bojama halo-halo i slatkim sjećanjima na zajedničke trenutke s obitelji i prijateljima. Bilo da uživate u komadu kolača ili uživate u žlici kreme, neka vas svaki zalogaj ovih filipinsko-američkih slastica približi srcu i duši ove omiljene kuhinje.

Do ponovnog susreta, sretno pečenje i neka vaši deserti uvijek budu ispunjeni slatkoćom Mayumua. Salamat po i uživajte u svakom ukusnom trenutku!

www.ingramcontent.com/pod-product-compliance
Lightning Source LLC
Chambersburg PA
CBHW050020130526
44590CB00042B/1129